Sommerbeeren & Herbstfrüchte

Annie Rigg

Sommerbeeren & Herbstfrüchte

120 erfrischend süße & pikante Rezepte für jede Jahreszeit

Aus dem Englischen von Barbara Holle

Fotografien von Tara Fisher

KNESEBECK

Für meine Mutter, die sich niemals mit nur einem Dessert begnügt. *x*

Titel der Originalausgabe:
Summer Berries & Autumn Fruits
Die englische Originalausgabe erschien 2015 bei
Kyle Books, einem Imprint von Kyle Cathie Ltd
192-198 Vauxhall Bridge Road
London SW1V 1DX
www.kylebooks.com

Deutsche Erstausgabe

Ein Unternehmen der La Martinière Groupe

Umschlaggestaltung:
Leonore Höfer, Knesebeck Verlag
Lektorat, Satz und Herstellung:
Robert Fischer, Verlags- und Readaktionsbüro
München (www.vrb-muenchen.de)

Printed in China
ISBN 978-3-86873-864-3

www.knesebeck-verlag.de

Inhalt

Zu diesem Buch **6**

Zitrusfrüchte 8

Orangen, Clementinen, Mandarinen, Zitronen, Limetten, Bergamotten, Pomelos, Grapefruits

Beeren, Feigen & Rhabarber 56

Erdbeeren, Himbeeren, Stachelbeeren, rote, schwarze und weiße Johannisbeeren, Brombeeren, Blaubeeren, Feigen, Rhabarber

Steinobst 108

Pfirsiche, Nektarinen, Kirschen, Pflaumen, Zwetschgen, Renekloden

Tropische Früchte 154

Mango, Papaya, Melonen, Kokosnuss, Bananen, Ananas, Granatapfel, Kaki

Kernobst 196

Äpfel, Birnen, Quitte

Register **234**

Danksagungen 239

Zu diesem Buch

In den Wochen und Monaten, als ich dieses Buch schrieb, quoll meine Küche geradezu über vor Früchten – eine ständig wechselnde Auswahl der besten ihrer Saison. Und jedes Mal, wenn ich das Gefühl hatte, mich an einer Obstart satt gegessen zu haben, war schon die nächste reif und inspirierte mich zu neuen Rezeptideen. Auch wenn die in diesem Buch vorgestellten Rezepte nicht durchweg saisonspezifisch sind, sollte man sich stets vor Augen halten, dass Obst (wie im Übrigen auch alle anderen landwirtschaftlichen Erzeugnisse) nicht nur bekömmlicher ist, wenn es die richtige Reife hat – es schmeckt auch besser und ist darüber hinaus nicht selten preiswerter. Sollten Sie zu den Glücklichen gehören, die einen grünen Daumen besitzen und ihr Obst und Gemüse, sei es im eigenen Garten oder in einem Schrebergarten, selbst anbauen, kennen Sie vermutlich das Gefühl, wenn man mit einem Korb durch den Garten geht, um zu sehen, was er gerade bereithält, und die besten, noch sonnenwarmen oder mit glänzenden Tautropfen überzogenen Früchte zu ernten.

Im Winter, wenn heimisches Obst rar ist, erfreue ich mich jeden Morgen an der leuchtend bunten Schale mit Zitrusfrüchten in meiner Küche. Grapefruits und Orangen oder die kleineren saftigen Clementinen und Mandarinen liefern mir das Vitamin C, das ich zur Stärkung meines Immunsystems und zur Vorbeugung vor Erkältungen brauche. Eine große Schüssel mit gemischten Zitrusfrüchten, in Spalten zerteilt und vielleicht noch mit Blaubeeren, Granatapfel- oder Passionsfruchtkernen bestreut, ist das ideale Frühstück für die dunkle Jahreszeit.

Steht der Frühling vor der Tür, gilt mein erster Gedanke dem Rhabarber, aus dem sich, nachdem man ihn gedünstet hat, mit Naturjoghurt und Müsli (selbst gemacht, versteht sich) ebenfalls ein fantastisches Frühstück zaubern lässt. Danach sind die Beeren an der Reihe, deren Sortenvielfalt jeden Koch jubeln lässt, denn jetzt ist Einmachen, sind Eiscremes und Sorbets sowie jede Menge leichte sommerliche Kuchen und Süßspeisen angesagt. In der Regel verwende ich Beeren vorzugsweise für Süßspeisen, spätsommerliche Himbeeren und Brombeeren lassen sich aber auch vorzüglich mit jungem Wildgeflügel kombinieren.

Die Sommersonne verwöhnt uns gleich zweifach. Sie tut unserem Körper und unserer Seele gut, und sie beschert uns obendrein eine Fülle von Steinfrüchten: gelbe, hell- und dunkelrote Kirschen, Aprikosen, Pflaumen, Renekloden, Zwetschgen, Nektarinen und flaumige Pfirsiche. Egal ob weiß- oder gelbfleischig, rund oder platt, ob als Eiscreme, als Belag auf einer Tarte, ob in Spalten geschnitten mit einer cremigen Büffelmozzarella serviert oder einfach aus der Hand gegessen – die saftigen Pfirsiche zählen zu meinen absoluten Lieblingsfrüchten. Und einer Tüte voll saftiger dunkelroter Kirschen kann vermutlich niemand widerstehen. Kaufen Sie also am besten immer gleich die doppelte Menge, denn ich garantiere Ihnen, Sie werden schon auf dem Nachhauseweg davon naschen, und für Ihr Rezept bleibt dann nicht mehr genug übrig.

Seit wir verschiedene Apfel- und Birnensorten im eigenen Garten haben, nimmt das Kernobst in meiner Küche immer größeren Raum ein. Mit den Quitten- und Pflaumenbäumen, die sich noch dazugesellen und mir im Herbst hoffentlich eine reiche Ernte bescheren, wird sich mein Repertoire gewiss noch erweitern. Ich bin sicher, dass niemand meine Apfelkaramellbonbons verschmähen wird, und Apfelkuchen kommen sowieso immer gut an. Auf meinem Wunschzettel steht zudem eine Apfelpresse, damit ich meinen eigenen Cidre und Apfelsaft herstellen kann.

Leuchtend bunte tropische Früchte habe ich das ganze Jahr über vorrätig. Mangos werden von Südamerika bis Indien, Südostasien und weit darüber hinaus kultiviert. Sie unterscheiden sich in Größe, Form und Süße und lassen sich auf vielfältige Weise verwenden: in Würfel geschnitten in einer Salsa oder zu Salaten, püriert in Smoothies, Lassis und Cocktails. Viele exotische Früchte harmonieren gut mit scharfen Chilischoten, pikanten Dressings und frischen Kräutern in Salaten und Saucen. Nicht nur in Frankreich, Italien und Spanien werden Melonen in den Sommermonaten auf den Märkten in Hülle und Fülle angeboten. Und was gibt es an heißen Sommertagen Köstlicheres als einen Teller mit hauchdünnen salzigen Parmaschinkenscheiben und saftigen Melonenspalten?

Dieses Buch ist eine Sammlung von Rezepten, die widerspiegeln, wie ich koche und mich ernähre. Dabei verwende ich vor allem Früchte, die man überall kaufen kann, und verzichte weitgehend auf Exoten. Sie finden hier neben Rezepten zum Einmachen – einschließlich Konfitüren, Curds und Pickles – auch alkoholische und alkoholfreie Getränke. Ein uraltes Getränk, das derzeit eine Renaissance erlebt, ist der Peach Shrub, der sich mit Früchten aller Art, etwa Beeren, Aprikosen oder Pflaumen, herstellen lässt. Mit Mineralwasser verdünnt, wird daraus ein erfrischender Longdrink. Man kann ihn aber, etwa mit einem Schuss Bourbon und Ginger Ale, ebenso gut für Cocktails verwenden. In jedem Kapitel finden Sie zudem eine Reihe von Backrezepten. Die Palette reicht von hauchdünnen, knusprigen Crackern über Kuchen bis zu Soufflés, Pies, Tartes und Donuts. Das Buch ist – nach Obstarten – in fünf Kapitel unterteilt, die sowohl süße wie pikante Rezepte enthalten. Das Thema Obst ist damit aber bei Weitem noch nicht erschöpft, und ich hätte mir gewünscht, das Buch wäre viermal so dick.

An dieser Stelle noch ein paar Worte zu den wichtigsten anderen Zutaten. Bei Eiern verwende ich prinzipiell nur Bio- oder Freilandeier, und zwar stets in der im Rezept angegebenen Größe. Anstelle von herkömmlichem Tafelsalz bevorzuge ich Meersalzflocken (z. B. Maldon), denn ich finde, sie verleihen den Speisen einen besseren Geschmack. Zum Backen nehme ich stets ungesalzene Butter und füge gegebenenfalls eine Prise Salz hinzu. Bei den übrigen trockenen Zutaten wie Mehl, Zucker und Schokolade sollte man, soweit es das Budget zulässt, unbedingt auf gute Qualität achten. Auch wenn es seltsam klingen mag: Bei Trockenfrüchten und Nüssen muss man auf die Frische achten. Nüsse werden ranzig, wenn das Haltbarkeitsdatum zu lange überschritten ist.

Während ich dieses Vorwort schreibe, gibt es in den Geschäften gerade die ersten Pomeranzen, aus denen ich am Wochenende Marmelade kochen werde. Die Grapefruits sind im Moment besonders saftig, Blutorangen haben Hochsaison. Und ich freue mich jetzt schon darauf, was die Gärten und Märkte in den kommenden Monaten alles für mich bereithalten werden.

Zitrusfrüchte

In den dunklen Wintermonaten ist eine Schale mit Zitrusfrüchten für mich wie ein Sonnenstrahl, der im doppelten Wortsinn Farbe in meine Küche bringt. Seien es nun die kleinen Mandarinen und Clementinen oder die saftigen Blutorangen und Grapefruits, deren Farbpalette von blassgelb bis beinahe karminrot reicht – es vergeht kaum ein Tag, an dem ich Zitrusfrüchte nicht in der einen oder anderen Form genieße oder verarbeite.

Die Vielseitigkeit der Zitrusfrüchte, aus denen sich die unterschiedlichsten Gerichte – seien es Marmeladen, Pickles und Drinks, Salate, Saucen und Dressings oder Kuchen und anderes Gebäck – herstellen lassen, verblüfft mich immer wieder. Ob Schale, Saft oder Fruchtfleisch – nahezu alles lässt sich auf vielfältigste Weise verwerten.

Zum Frühstück kommt bei mir immer Obst auf den Tisch. Grapefruits, an denen ich mich nicht satt essen kann, werden im Winter reichlich angeboten.

Der Beginn der kurzen Pomeranzensaison im Januar wird von Köchinnen wie mir sehnsüchtig erwartet. Wann immer ich sie irgendwo entdecke, schleppe ich die Früchte mit der rauen, etwas höckerigen Schale gleich kiloweise nach Hause. Die dickschaligen Pomeranzen enthalten sehr viele Kerne und eignen sich nicht gut zum Rohverzehr. Dafür sind sie aufgrund ihres bitteren Geschmacks und des hohen Pektingehalts ideal, um daraus Marmelade zu kochen. Blutorangen, die ursprünglich in Italien auf Sizilien und in Spanien kultiviert wurden, sind ebenfalls nur kurze Zeit auf dem Markt. Je nach Sorte weisen das Fruchtfleisch und die Schale eine verschieden starke Rotfärbung auf. Bei Moro-Orangen kann das Fruchtfleisch gegen Ende der Saison fast dunkelrot sein. Blutorangen eignen sich sehr für einfache Gelees und Dressings, oder man presst sie aus und trinkt den Saft, in dem ihr Eigengeschmack am besten zur Geltung kommt. Manche Sorten sind sogar süßer als normale Orangen.

Nur kurz Saison hat auch die Bergamotte, die sich wachsender Beliebtheit erfreut. Das zartgelbe Fruchtfleisch ähnelt dem der Zitrone. Berühmt ist die Frucht vor allem wegen ihres intensiven Aromas, das dem Earl-Grey-Tee seine besondere Note verleiht. Zu Sirup verarbeitet, lässt sich daraus außerdem ein herrliches Sorbet herstellen.

Benötigen Sie für ein Rezept nur den Saft einer Orange oder Zitrone, schälen Sie die Schale mit dem Gemüseschäler oder einem speziellen Zestenreißer dünn ab. Mit Zucker in ein Schraubglas gefüllt, verleihen die Zesten dem Zucker ein wunderbares Zitrusaroma. Oder Sie trocknen die Zesten bei geringer Hitze im Backofen und bewahren sie in einem Schraubglas auf. Sie benötigen lediglich zwei bis drei Streifen, um etwa einem Eintopf eine aromatische Zitrusnote zu verleihen. Brauchen Sie nur eine halbe Zitrone, schneiden Sie den Rest in Scheiben und bewahren diese in einem Gefrierbeutel in der Kühltruhe für den nächsten Gin Tonic auf.

Wenn ich die Schale abreibe, mache ich das stets direkt über der Schüssel oder dem Topf, damit die wertvollen ätherischen Öle, die dabei freigesetzt werden, nicht verloren gehen. Zitrussäfte verleihen den Speisen – sei es nun ein Salat, einfach gegrilltes Fleisch oder Fisch – eine angenehm säuerliche Note und geben ihnen noch mehr Pep.

Mini-Financiers mit Bergamotte und Mandarine

Die Saison der Bergamotte ist wie die der Pomeranze relativ kurz. Greifen Sie also zu, wenn Sie die Früchte mit dem unverwechselbaren Aroma auf dem Markt sehen. Ihre Größe variiert zwischen der einer kleinen Zitrone und der einer großen Orange. Das Fruchtfleisch kann gelb, hellgrün oder sogar fast orange sein. Man verwendet sie traditionell zum Aromatisieren von Earl-Grey-Tee, und das gleiche intensive Aroma haben auch diese kleinen Leckerbissen, die auf den ersten Blick so unscheinbar daherkommen. Wenn es keine Bergamotten gibt, können Sie auch große Zitronen nehmen.

Ergibt 36 Stück

75 g Mehl (Type 405) plus Mehl zum Bestäuben

125 g gemahlene Mandeln

150 g Puderzucker

¼ TL Backpulver

125 g Butter, in Würfel geschnitten, plus zerlassene Butter für die Form

1 EL aromatischer klarer Honig

abgeriebene Schale von 1 unbehandelten Bergamotte

abgeriebene Schale von 1 unbehandelten Mandarine

3 grosse Eiweiss

1 Prise feines Meersalz

Für den Bergamottensirup

Saft von 1 Bergamotte

Saft von 2 Mandarinen

4 EL Zucker

Benötigte Utensilien

3 Mini-Muffinformen (oder eine herkömmliche Muffinform) mit 12 Vertiefungen

Den Backofen auf 180 °C (Umluft 160 °C) vorheizen. Die Muffinformen leicht mit zerlassener Butter einfetten und mit Mehl ausstäuben. Das überschüssige Mehl herausklopfen.

Das Mehl mit Mandeln, Puderzucker und Backpulver auf ein Stück Backpapier sieben.

Die Butter bei geringer Hitze in einer kleinen Kasserrole (einem Topf mit Stil) zerlassen und danach einige Minuten kochen lassen, bis sie ein nussartiges Aroma entfaltet und eine intensive goldbraune Farbe annimmt. Die Kasserolle dabei laufend schwenken, damit die Butter gleichmäßig braun wird. Die Butter anschließend in einer Schüssel mit dem Honig und den Zitrusschalen verrühren. Etwas abkühlen lassen.

In einer zweiten Schüssel die Eiweiße mit dem Salz aufschlagen, bis sich weiche Spitzen bilden. Die Mehlmischung mit einem großen Metalllöffel unterheben. Die Buttermischung am Rand hineingießen und vorsichtig unterziehen. Darauf achten, dass nicht zu viel Luft aus dem Teig herausgeschlagen wird. Die Vertiefungen der Muffinformen zu drei Viertel mit Teig füllen und die Biskuitküchlein 10 Minuten auf der mittleren Einschubleiste des Backofens backen, bis sie schön aufgegangen sind und eine goldbraune Farbe angenommen haben.

Inzwischen in einer kleinen Stielkasserolle die Sirupzutaten mit 5 Esslöffeln Wasser verrühren. Das Ganze bei geringer Hitze erhitzen, bis sich der Zucker aufgelöst hat. Den Sirup anschließend zum Köcheln bringen und um die Hälfte einkochen lassen.

Die Mini-Financiers 2 Minuten in den Formen abkühlen lassen, danach auf ein Kuchengitter stürzen, das noch warme Feingebäck mit dem Sirup bepinseln und vollständig auskühlen lassen.

Orangen-Bitter

Bitterspirituosen sind leicht herzustellen und heute bei Cocktailliebhabern wieder absolut angesagt. Dafür müssen Sie allerdings ein bisschen tiefer in die Tasche greifen und in einen guten, hochprozentigen Wodka investieren. Und Sie sollten ein wenig Geduld mitbringen, denn die Mischung braucht ein paar Wochen Zeit, um richtig durchzuziehen. Ein solcher nahezu reiner Wodka ist keinesfalls zum Mixen gedacht. Er darf nur in homöopathischen Dosen und mit Bedacht verwendet werden. Deshalb werden die kleinen Flaschen aber auch nicht so schnell leer. Anstelle der Orangen können Sie auch Pomeranzen nehmen, falls diese gerade Saison haben.

Ergibt 500 ml

4 feste Orangen, mit Seifenwasser abgeschrubbt und abgetrocknet

500 ml Wodka (88 Vol.-%)

1 grosse Zimtstange, halbiert

½ Vanilleschote

6 grüne Kardamomkapseln

1 TL schwarze Pfefferkörner

1 TL Fenchelsamen

1 TL Koriandersamen

Benötigte Utensilien

grosses Schraub- oder Einmachglas

Kaffeefiltertüten oder Gaze

verschiedene kleine Flaschen

Den Backofen auf 120 °C (Umluft 100 °C) vorheizen. Die Orangenschalen mit dem Gemüseschäler möglichst dünn in Streifen abschälen. Ein Backblech mit Backpapier auslegen, die Zesten in einer Schicht darauf verteilen und 45–60 Minuten im Backofen trocknen, ohne dass sie Farbe annehmen.

Den Wodka in ein großes Schraub- oder Einmachglas gießen. Die Orangenschalen mit der Zimtstange und der Vanilleschote hinzufügen. Die Kardamomkapseln im Mörser aufbrechen und mit den restlichen Gewürzen in das Glas füllen. Das Glas gut verschließen und einmal kräftig schütteln.

Die Mischung mindestens 2, am besten sogar 4 Wochen an einem kühlen, lichtgeschützten Platz durchziehen lassen und das Glas einmal täglich schütteln.

Den Wodka anschließend durch eine Kaffeefiltertüte oder ein mit Gaze ausgelegtes Haarsieb in einen Krug seihen und den Bitter in kleine Flaschen abfüllen.

Geben Sie einen Tropfen Orangen-Bitter in einen Martini- oder Champagnercocktail, oder peppen Sie einen Gin Tonic damit auf. In Fläschchen abgefüllt, ist er auch ein ideales Mitbringsel für die Cocktailfans unter Ihren Freunden und Bekannten. Vergessen Sie aber nicht, auf dem Etikett den Alkoholgehalt anzugeben!

Schokokuchen mit Orangengelee

Wenn Sie die im englischen Sprachraum gern zum Tee gereichten Pim's Cakes oder Jaffa Cakes genauso lieben wie ich, dann wird Sie dieses Rezept begeistern. Es erfordert zwar etwas Zeit und Geschick, aber die Mühe lohnt sich. Und es lassen sich gleich zwei Fliegen mit einer Klappe schlagen. Denn Sie können das Rezept so zubereiten wie hier von mir beschrieben, oder Sie beschränken sich nur auf das Fruchtgelee, das Sie dann in eine kleinere Form füllen (am besten eignet sich eine mit Frischhaltefolie ausgekleidete Kastenform mit 450 g Fassungsvermögen). Über Nacht fest werden lassen, dann das Gelee in die gewünschte Form schneiden oder ausstechen, in Zucker wälzen oder, wenn es besonders raffiniert sein soll, in geschmolzene Zartbitterschokolade tauchen.

Für dieses Rezept würde ich Ihnen eine Schokolade mit 68–70 % Kakaoanteil empfehlen, die einen angenehmen Kontrast zur bitteren Note der Orangen bildet. Je nachdem, ob Sie einen süßeren oder einen herberen Geschmack bevorzugen, können Sie aber auch eine Schokolade mit geringerem oder höherem Kakaoanteil verwenden.

Für 10–12 Personen

Für den Kuchen

75 g weiche Butter plus Butter für die Form

40 g Zucker

25 g Puderzucker

1 mittelgroßes Ei, verquirlt

¼ TL Mandelextrakt

40 g Mehl (Type 405)

¼ TL Backpulver

30 g gemahlene Mandeln

1 Prise Salz

1 ½ TL Milch

75 g Zartbitterschokolade, geschmolzen

Für das Fruchtgelee

3 unbehandelte Orangen

4 unbehandelte Mandarinen

300 g Zucker

60 ml flüssiges Pektin auf Apfelbasis (z.B. von Certo)

2 TL Zitronensaft

Fortsetzung Seite 18 …

Für den Kuchen den Backofen auf 170 °C (Umluft 150 °C) vorheizen. Eine Backform mit Butter einfetten und mit Backpapier auskleiden. Die Butter mit dem Zucker und dem Puderzucker schaumig schlagen. Nach und nach das Ei unterschlagen und dabei die Wände der Rührschüssel immer wieder mit einem Teigschaber säubern. Den Mandelextrakt unterrühren. Die trockenen Zutaten darübersieben und das Ganze mit der Milch zu einem glatten Teig verrühren. In die Form füllen, glatt streichen und 9–10 Minuten auf der mittleren Einschubleiste des Backofens goldgelb backen. Um die Garprobe zu machen, in der Mitte mit einem Holzstäbchen hineinstechen. Der Kuchen ist fertig, wenn das Stäbchen sauber bleibt. Den Kuchen 2–3 Minuten in der Form abkühlen lassen, anschließend mithilfe des Backpapiers herausheben und auf einem Kuchengitter vollständig auskühlen lassen. Die Form ausspülen und mit Frischhaltefolie auskleiden.

Die geschmolzene Schokolade gleichmäßig auf dem Kuchen verstreichen und fest werden lassen. Den Kuchen mit der Schokoladenseite nach unten vorsichtig in die Form legen.

Für das Fruchtgelee 1 Orange und 2 Mandarinen gründlich mit Seifenwasser abschrubben. In einen Topf legen, mit kaltem Wasser bedecken und zum Kochen bringen. Die Früchte anschließend 15 Minuten lang köcheln lassen, bis die Schale weich ist. Abgießen und einige Minuten lang abkühlen lassen.

Die Blütenansätze abschneiden und die Früchte vierteln. Die Kerne und das schwammige weiße Gewebe in der Mitte entfernen. Alle Viertel grob hacken und in der Küchenmaschine zu einem relativ glatten Püree verrühren. Das Püree durch ein Sieb streichen und danach wiegen (Sie benötigen 200 g Fruchtpüree). Die restlichen Früchte auspressen (Sie benötigen 350 ml Saft).

In einem mittelgroßen Topf die Hälfte des Zuckers bei geringer Hitze mit 2–3 Esslöffeln Wasser auflösen, ohne dabei umzurühren. Den

Für die Ganache

250 ml Schlagsahne

40 g heller Muscovado-Zucker

1 Prise Salz

225 g Zartbitterschokolade, fein gehackt

50 g Butter, raumtemperiert und in Würfel geschnitten

Für die Glasur

100 g Zartbitterschokolade, fein gehackt

45 g Butter

40 ml Vollmilch

15 g klarer Honig

2 EL ungesüsstes Kakaopulver

Benötigte Utensilien

quadratische Backform mit 20 cm Seitenlänge

Zuckerthermometer

Sirup zum Kochen bringen und so lange kochen lassen, bis ein mittelbrauner Karamell entstanden ist. Den Topf vom Herd nehmen, vorsichtig den Saft, das Fruchtpüree, das Pektin und den restlichen Zucker hinzufügen und die Zutaten glatt rühren. Den Topf erneut bei geringer Hitze auf die Herdplatte stellen, um den Karamell wieder zu verflüssigen. Das Zuckerthermometer einhängen und die Masse unter gelegentlichem Rühren köcheln lassen, bis sie eine Temperatur von 107 °C erreicht hat. Dann weitere 2 Minuten unter häufigem Rühren köcheln lassen. ½ Teelöffel auf eine gut gekühlte Untertasse geben und etwa 30 Sekunden warten. Das Gelee sollte dann fest werden. Die Mischung anderenfalls nochmals 1 Minute kochen lassen und die Probe wiederholen. Den Topf vom Herd stellen und das Thermometer herausnehmen. Die Mischung, sobald sie keine Blasen mehr wirft, über den Kuchen gießen und mindestens 2 Stunden lang erkalten und fest werden lassen.

Für die Ganache die Sahne in einer kleinen Kasserolle mit Zucker und Salz aufkochen lassen. Die Kasserrolle danach sofort vom Herd nehmen und die Sahne über die in einer Schüssel befindliche Schokolade gießen. Das Ganze glatt rühren und die Butter unterschlagen. Die Creme über das erkaltete Fruchtgelee gießen, mit einer Palette gleichmäßig verstreichen und an einem kühlen Platz fest werden lassen.

Für die Glasur die Schokolade bei geringer Hitze in einem kleinen Topf mit der Butter, der Milch und dem Honig schmelzen lassen. Glatt rühren, 3 Minuten abkühlen lassen und den Kuchen damit überziehen. Sobald die Glasur fest ist, mit dem Kakaopulver bestäuben.

Vor dem Servieren den Kuchen mit einem Messer mit langer Klinge, das Sie zuvor in warmes Wasser getaucht haben, in dünne Scheiben schneiden.

Blutorangen-Granita

Sie ist so herrlich erfrischend wie ein Sorbet, und was noch besser ist: Für die grobkörnige Granita braucht man weder ein besonderes Geschick noch eine Eismaschine.

Für 6 Personen

225 g Zucker

8–10 Blutorangen (500–600 ml Saft)

Saft von ½ Zitrone

2 EL Campari plus Campari zum Beträufeln (nach Belieben)

Benötigte Utensilien

grosse Gefrierdose

Den Zucker in einem mittelgroßen Topf mit 250 ml kaltem Wasser aufkochen lassen. 2 Minuten lang köcheln lassen, dann den Topf vom Herd nehmen und den Sirup auf Zimmertemperatur abkühlen lassen.

Orangen- und Zitronensaft mit dem Campari in einer Schüssel verrühren und den Zuckersirup kräftig mit dem Schneebesen unterrühren. Die Mischung in die Gefrierdose füllen und 2–3 Stunden in ein Gefriergerät stellen. Darauf achten, dass die Dose gerade steht. Anschließend herausnehmen und die Eiskristalle, die sich am Rand gebildet haben, mit einer Gabel kurz in die Mitte rühren (keinesfalls zu lange rühren, sonst wird aus der körnigen Granita ein glattes Sorbet). Die Granita weitere 2 Stunden in die Kühltruhe stellen und die Kristalle danach erneut mit einer Gabel aufbrechen. Die Mischung, sobald sie vollständig gefroren ist, mit einer Gabel auflockern.

Die Granita bis zum Servieren im Gefriergerät stehen lassen. In gekühlten Schüsseln anrichten und nach Belieben mit Campari beträufelt servieren.

Bergamottensirup

Mit ihrer runzeligen gelben Schale ist die Bergamotte, manchmal auch als Bergamott-Zitrone oder -Orange bezeichnet, das hässliche Entlein unter den Zitrusfrüchten. Doch wenn man sie aufschneidet, verwandelt sie sich in den sprichwörtlichen Schwan: Der Duft, der ihr entströmt, ist geradezu überwältigend. Der Saft kann allerdings einen unangenehm bitter-sauren Geschmack haben.

Dieser Sirup schmeckt vorzüglich in einem Glas Prosecco oder einem Kir royal. Man kann daraus aber auch ein Sorbet herstellen. Dazu einfach die Hälfte des Sirups mit dem Saft einer Zitrone und etwa 500 ml kaltem Wasser verrühren und die Mischung in der Eismaschine gefrieren lassen.

Ergibt etwa 1 Liter

6 Bergamotten, mit heissem Seifenwasser abgeschrubbt und abgetrocknet

500 g Zucker

1 Lorbeerblatt

2 Sternanis

Die Schale der Bergamotten mit einer Microplane-Reibe abreiben. Die Früchte halbieren und auspressen (Sie benötigen etwa 300 ml Saft).

Die abgeriebene Schale mit Zucker, Lorbeerblatt und Sternanis in einen Topf geben, 500 ml kaltes Wasser hinzufügen und das Ganze langsam zum Kochen bringen. 2–3 Minuten köcheln lassen, bis die Mischung etwas eindickt, dann den Saft einrühren. Nochmals zum Köcheln bringen und 2 Minuten lang kochen lassen. Den Topf vom Herd nehmen und den Sirup abkühlen lassen.

Mandarinensalat mit Orangen-Karamellsauce

In meiner Kindheit servierte meine Mutter zu besonderen Gelegenheiten stets ein Dessert mit karamellisierten Orangen. Dazu gab es meist noch einen Berg mit Sahne gefüllte Brandy Snaps – in den 1970er-Jahren ein absoluter Klassiker. Die in Scheiben geschnittenen Orangen wurden in einem leicht bitteren Sirup serviert und waren mit knusprigen Karamellstückchen bestreut. Dies ist meine modernisierte, kalorienbewusstere und erfrischendere Version, die – ob mit oder ohne Brandy Snaps – sich auch gut als krönender Abschluss eines festlichen Weihnachtsmenüs eignet.

Für 4–6 Personen

8–10 unbehandelte Mandarinen oder Clementinen (festere Früchte lassen sich leichter schälen)

100 g Zucker

Saft von 2 großen Orangen

1–2 TL Rosen- oder Orangenblütenwasser

Kerne von ½ Granatapfel

50 g geschälte Pistazien, grob gehackt

2–3 Zweige Minze, grob gehackt

Damit der Salat auch optisch perfekt aussieht, schält man die Mandarinen am besten nicht von Hand, sondern schneidet oben und unten jeweils eine dünne Scheibe ab und stellt die Früchte aufrecht auf ein Küchenbrett. Mit einem scharfen Messer die Schale dann von oben nach unten rundherum in Streifen abschneiden. Dabei möglichst auch die weiße Haut vollständig mit entfernen. Die Früchte anschließend waagrecht halbieren und in einer Servierschüssel anrichten.

Für den Karamell den Zucker mit 2 Esslöffeln kaltem Wasser bei geringer bis mittlerer Hitze in einem Topf mit schwerem Boden erhitzen, bis er sich aufgelöst hat. Dabei nicht umrühren. Den Sirup bei mittlerer Hitze aufkochen und so lange kochen lassen, bis ein goldgelber Karamell entstanden ist. Den Topf dabei laufend schwenken.

Inzwischen in einem zweiten Topf den Orangensaft erhitzen, bis er fast kocht. Den Karamell vom Herd nehmen und den heißen Saft vorsichtig hineingießen (dabei unbedingt Gesicht und Hände schützen, denn der Karamell spritzt). Den Topf wieder auf die Herdplatte stellen, den Karamell erneut zum Kochen bringen und 1 Minute kochen lassen. Anschließend vom Herd nehmen, das Rosen- oder Orangenblütenwasser einrühren und einige Minuten abkühlen lassen.

Den Karamell über die Mandarinen gießen und das Ganze vorsichtig durchmischen, bis die Scheiben damit überzogen sind.

Den Salat etwa 1 Stunde durchziehen lassen, mit Granatapfelkernen, Pistazien und Minze bestreuen und servieren.

Gebeizter Lachs

Hier wird der Lachs gebeizt und nicht gekocht oder geräuchert. Das gelingt am besten, wenn Sie fangfrischen Fisch verwenden. Weil es so schnell und einfach zuzubereiten ist, eignet sich das Gericht hervorragend als Vorspeise bei einer Dinnerparty oder einem festlichen Essen. Dazu passt ein einfacher Salat aus Gurken und Radieschen und etwas Roggenbrot oder Pumpernickel.

Für 8 Personen

1 große unbehandelte Orange

2 unbehandelte Limetten

1 unbehandelte Zitrone

3 EL Meersalzflocken

2 EL brauner Zucker

1 TL Wacholderbeeren

1 TL schwarze Pfefferkörner

1 TL Fenchelsamen

½ TL Koriandersamen

1 Sternanis

4 EL Dill, fein gehackt

1 Lachsseite mit Haut (etwa 1 kg), geschuppt, die Mittelgräte entfernt und filetiert

Benötigte Utensilien

2 große, flache Backformen oder Backbleche

1 Packung Mehl oder Zucker oder einige volle Konservendosen zum Beschweren

Eine Backform oder ein Blech mit einer dreifachen Schicht Frischhaltefolie auslegen. Die Folie dabei an den Rändern großzügig überstehen lassen.

Die Zitrusfrüchte waschen und abtrocknen. Die Schalen mit einer Microplane-Reibe fein abreiben und den Abrieb mit den Meersalzflocken und dem Zucker mischen. Wacholderbeeren, Pfefferkörner, Fenchel- und Koriandersamen im Mörser leicht zerdrücken und zur Salzmischung geben. Den Sternanis in kleine Stücke brechen, grob mahlen, mit der Hälfte des Dills hinzufügen und alles gut durchmischen.

Ein Drittel der Mischung in der Mitte der mit Folie ausgekleideten Form verteilen. Den Lachs mit der Hautseite nach unten darauflegen, die restliche Würzmischung darüberstreuen und mit den Händen andrücken. Die überstehende Folie darüberschlagen und die zweite Form oder das Blech mit den Gewichten daraufsetzen. Den Fisch anschließend 48 Stunden im Kühlschrank durchziehen lassen.

Den Fisch auspacken, die Würzmischung möglichst vollständig abkratzen und den Lachs mit Küchenpapier trocken tupfen. Mit dem restlichen Dill bestreuen und mit einem scharfen Messer in dünne Scheiben schneiden.

Frischkäse-Pannacotta mit Blutorangengelee

Bei der Kombination von Gelee und Sahne muss ich unwillkürlich an unsere Kinderfeste denken, bei denen es immer in einem See aus Sahne oder Eiscreme servierte Gelees gab. Diese Variante hier ist allerdings eher etwas für Erwachsene. Der Kontrast zwischen dem erfrischenden Blutorangengelee und der kühlen, leicht säuerlichen Pannacotta ist einfach köstlich und macht auch optisch etwas her, vor allem wenn man dazu die Orangen-Biscotti mit Anis von Seite 29 serviert.

Für 8 Personen

Für das Gelee

3 Blatt Gelatine

etwa 8 Blutorangen (Sie benötigen 500 ml Saft)

etwa 2 EL Zucker

Für die Pannacotta

½ Vanilleschote oder 1 TL Vanillepaste

350 ml Crème double

75 g Zucker

1 Streifen unbehandelte Zitronenschale

4 Blatt Gelatine

550 g Frischkäse

Für das Gelee die Gelatine 10 Minuten in kaltem Wasser einweichen. In einem kleinen Topf 100 ml Orangensaft bei mittlerer Hitze mit dem Zucker erhitzen, bis er fast kocht. Umrühren, bis sich der Zucker aufgelöst hat, und den Topf vom Herd nehmen. Die Gelatine gut ausdrücken (besonders gut lässt sich das Wasser herausdrücken, wenn man dazu ein sauberes Geschirrtuch oder ein Stück Küchenpapier verwendet) und in den heißen Saft rühren, bis sie sich aufgelöst hat. Die Mischung in eine Schüssel füllen und den restlichen Orangensaft unterrühren. Noch einmal abschmecken und gegebenenfalls noch etwas nachsüßen. Das Gelee auf 8 Gläser verteilen und mindestens 2 Stunden im Kühlschrank fest werden lassen.

Für die Pannacotta die Vanilleschote der Länge nach aufschlitzen, das Mark mit der Spitze eines scharfen Messers herauskratzen und mit der Schote in einen kleinen Topf geben. Die Crème double, den Zucker und die Zitronenschale hinzufügen und die Mischung langsam erhitzen, bis sie fast kocht. Den Topf vom Herd nehmen und die Mischung 20 Minuten lang ziehen lassen. Inzwischen die Gelatine 10 Minuten in kaltem Wasser einweichen.

Die Crème-double-Mischung nochmals erhitzen, bis sie fast kocht, und die gut ausgedrückte Gelatine einrühren. Den Frischkäse hinzufügen und das Ganze mit dem Schneebesen glatt rühren. Die Mischung durch ein feines Sieb in eine Schüssel passieren, etwas abkühlen lassen und anschließend auf dem Gelee verteilen. Die Gläser mit Frischhaltefolie abdecken und etwa 4 Stunden in den Kühlschrank stellen, bis die Pannacotta fest ist.

Orangen-Biscotti mit Anis

Diesem hauchdünnen Gebäck (das auf der vorherigen Doppelseite als Serviervorschlag zu unserer Frischkäse-Pannacotta zu sehen ist) kann ich einfach nicht widerstehen. Sie zergehen förmlich auf der Zunge und schmecken vorzüglich zu sahnigen Desserts, Sorbets, aber auch zu Vin Santo oder einer Tasse Kaffee. Der ungebackene Teig ist relativ flüssig und sollte deshalb am besten in einer Kastenform gebacken werden.

Ergibt etwa 60 Stück

Butter für die Form

150 g blanchierte Mandeln

4 grosse Eier

250 g Zucker

abgeriebene Schale von 1 grossen unbehandelten Orange

1 TL Vanilleextrakt

1–2 TL Anissamen, leicht zerdrückt

375 g Mehl (Type 405)

1 TL Backpulver

½ TL Backnatron

1 gehäufte Msp. Meersalzflocken

Benötigte Utensilien

2 Kastenformen à 900 g Fassungsvermögen

Den Backofen auf 170 °C (Umluft 150 °C) vorheizen. Die Backformen mit Butter einfetten und mit Backpapier auskleiden.

Die Mandeln auf einem Backblech verteilen und im Backofen 4 Minuten goldgelb rösten. Anschließend abkühlen lassen und grob hacken.

Die Eier 2–3 Minuten mit dem Zucker schaumig schlagen. Orangenschale, Vanilleextrakt und Anis unterrühren. Das Mehl mit Backpulver, Natron und Salz darübersieben, die Mandeln hinzufügen und alles gut vermischen.

Den Teig auf die Formen verteilen, glatt streichen und auf der mittleren Einschubleiste etwa 10 Minuten backen, bis er aufgegangen ist, sich fest anfühlt und eine schöne goldgelbe Farbe angenommen hat. Auf ein Kuchengitter stürzen und vollständig auskühlen lassen. Den Backofen auf 150 °C (Umluft 130 °C) herunterschalten.

Die Kuchen mit einem Brotmesser in etwa 2 mm dicke Scheiben schneiden, diese auf zwei mit Backpapier ausgelegten Backblechen verteilen und 15–20 Minuten auf der mittleren Schiene knusprig backen. Die Bleche dabei von Zeit zu Zeit umsetzen, damit das Gebäck gleichmäßig gebacken wird. Anschließend aus dem Ofen nehmen und auf Kuchengittern auskühlen lassen. In einer luftdicht verschlossenen Dose können die Biscotti bis zu 1 Woche aufbewahrt werden.

Zitronen-Madeleines mit Mohn

Mit Mohn, der sich in Amerika und Osteuropa großer Beliebtheit erfreut, und Lemon-Curd, der englischen Zitronencreme, wird hier aus den französischen Madeleines ein wahres »Multikulti«-Gebäck. Madeleineformen gibt es in unterschiedlichen Größen und Formen, deshalb kann, je nachdem, was für eine Form Sie verwenden, die Menge variieren. Am besten schmecken Madeleines frisch.

Ergibt etwa 20 Stück

150 g Butter

175 g Mehl (Type 405) plus Mehl zum Bestäuben

1 TL Backpulver

1 EL Mohn plus Mohn zum Bestreuen

3 grosse Eier

150 g Zucker

1 Prise Meersalzflocken

abgeriebene Schale von 1 unbehandelten Zitrone

12–15 TL Lemon-Curd (Rezept siehe Seite 33)

Für den Guss

Saft von ½ Zitrone

etwa 150 g Puderzucker

Benötigte Utensilien

2 Madeleineformen mit je 12 Vertiefungen

Die Butter zerlassen. Die Vertiefungen der Formen sorgfältig mit etwas zerlassener Butter einfetten und mit Mehl bestäuben. Das überschüssige Mehl herausklopfen. Die Formen anschließend in den Kühlschrank stellen.

Das Mehl mit dem Backpulver in eine Schüssel sieben und den Mohn untermischen.

Die Eier in der Küchenmaschine oder mit dem Handrührgerät etwa 5 Minuten mit dem Zucker und dem Salz cremig aufschlagen (mit dem Handmixer dauert das etwas länger). Zum Schluss noch den Abrieb der Zitronenschale unterrühren.

Das Mehl mit einem großen Metalllöffel in Achterbewegungen unterrühren. Die zerlassene Butter am Rand hineingießen und ebenfalls unterrühren. Die Schüssel mit Frischhaltefolie abdecken und den Teig 30 Minuten im Kühlschrank ruhen lassen. Inzwischen den Backofen auf 190 °C (Umluft 170 °C) vorheizen.

Den Teig auf die Formen verteilen (pro Vertiefung 1 gehäufter Teelöffel). Dabei in der Mitte jeweils ein kleines Loch hineindrücken. Den Lemon-Curd in die Löcher füllen und diese mit etwas Teig verschließen. Die Madeleines auf der mittleren Einschubleiste des Backofens etwa 12 Minuten backen, bis sie aufgegangen sind und eine schöne goldbraune Farbe haben.

In der Zwischenzeit den Zitronensaft mit dem Puderzucker in einer kleinen Schüssel zu einer glatten Paste verrühren. Der Guss sollte so dick sein, dass er an einem Löffelrücken haften bleibt. Ist er zu dick, noch 1 Tropfen Wasser, ist er zu dünn, noch etwas Puderzucker hinzufügen.

Die Madeleines auf ein Kuchengitter stürzen und einige Minuten lang abkühlen lassen. Mit dem Guss bepinseln und zuletzt mit etwas Mohn bestreuen.

Lemon-Curd

Es geht einfach nichts über einen selbst gemachten Lemon-Curd. Wenn Sie es erst einmal ausprobiert haben, werden Sie nie wieder zu einem Fertigprodukt greifen. Es ist, als würde man die Sonne im Glas einfangen, und dabei sind die Zutaten so einfach, dass man sie praktisch immer zur Hand hat. Ebenso simpel und schnell geht die Zubereitung. Worauf es allerdings ankommt, ist die Qualität der Zutaten: Die Zitronen müssen ganz frisch, fest und unbehandelt sein. Und die Eier sollten von glücklichen Hühnern stammen. Sie schmecken nicht nur besser, sondern der Dotter hat oft auch ein kräftigeres Gelb, was wiederum dem Lemon-Curd eine intensivere Farbe verleiht. Und sollte Ihnen der Sinn einmal nach Abwechslung stehen, können Sie die Hälfte der Zitronen auch durch Passionsfrüchte oder Limetten ersetzen.

Ergibt etwa 3 Gläser à 350 g

Saft und abgeriebene Schale von 4 unbehandelten Zitronen

2 grosse Bio-Eier

3 grosse Bio-Eigelb

225 g Zucker

125 g Butter, gewürfelt

1 Prise Salz

(Alle Zutaten müssen Raumtemperatur haben, sonst gerinnt der Curd)

Benötigte Utensilien

3 sterlisierte Schraubgläser à 350 g Fassungsvermögen

Den Zitronensaft mit dem Abrieb der Schale in eine hitzebeständige Glas- oder Keramikschüssel geben. Die Eier und die Eigelbe dazugeben und alles kräftig mit dem Schneebesen verrühren. Zucker, Butter und Salz unterrühren und die Schüssel auf einen Topf mit siedendem Wasser setzen (dabei darauf achten, dass der Schüsselboden nicht mit dem Wasser in Berührung kommt, damit die Eier nicht zu Rührei werden) und so lange rühren, bis die Butter geschmolzen ist und der Zucker sich aufgelöst hat.

Die Mischung noch etwa 10 Minuten auf dem Topf stehen lassen und dabei ständig umrühren. Der Curd sollte danach heiß und so dick sein, dass er am Löffelrücken haften bleibt und der Löffel eine Spur hinterlässt, wenn man ihn herausnimmt.

Den Curd anschließend durch ein feines Sieb passieren. In sterilisierte Gläser (siehe Seite 132) füllen und vollständig auskühlen lassen. Die Gläser danach verschließen – der Curd hält sich bis zu 10 Tage im Kühlschrank.

Lemon-Curd lässt sich auf vielfältigste Weise verwenden: mit Scone und Sahne, als Tarte- und Biskuitbelag, als Füllung für Madeleines (siehe Seite 30), Krapfen und Biskuitrouladen, in einem Trifle, zum Verfeinern von Joghurt und Eiscreme, als Topping auf Baisers …, oder man löffelt ihn einfach aus dem Glas.

Orangen-Curd

Für dieses Rezepte nehme ich gerne auch eine Mischung aus Pomeranzen und Orangen und dazu während der Saison noch ein paar Clementinen oder Mandarinen.

Ergibt 1 grosses Glas à 400 g

3–4 unbehandelte Orangen, mit heissem Seifenwasser abgeschrubbt und abgetrocknet

2 grosse Bio-Eier

2 grosse Bio-Eigelb

125 g Zucker

75 g Butter, gewürfelt

1 Prise Salz

1 TL Zitronensaft

(Alle Zutaten raumtemperiert)

Benötigte Utensilien

ein sterilisiertes Schraubglas mit 400 g Fassungsvermögen

Die Schale von 3 Orangen abreiben. Zwei Drittel der Schale in eine hitzebeständige Glas- oder Keramikschüssel geben, den Rest beiseitestellen. Alle Orangen auspressen und den Saft abmessen (Sie benötigen 200 ml). Was übrig bleibt, in ein Glas gießen und am besten gleich trinken (es sei denn, Sie verwenden Pomeranzen, deren Saft zum Trinken zu bitter ist).

Den Saft in die Schüssel gießen und den Curd wie im Rezept Lemon-Curd (Seite 33) beschrieben zubereiten. Sobald er die gewünschte Konsistenz hat, den Zitronensaft einrühren und den Curd durch ein feines Sieb passieren. Die restliche Schale einrühren und wie auf Seite 33 beschrieben fortfahren.

Grapefruit-Curd

Auch wenn ich für diesen Curd Grapefruits der Sorte Ruby verwende, dürfen Sie nicht annehmen, dass der fertige Curd in einem leuchtenden Rosa erstrahlt. Denn für die Farbe sind die Eier verantwortlich. Wer mag, kann allerdings mit einem kleinen Tropfen rosa Lebensmittelfarbe nachhelfen. Der säuerlich-herbe Grapefruit-Curd ist zwar an sich schon eine feine Sache, lässt sich aber noch auf vielfältigste Weise – etwa mit Vanille, frisch geriebenem Ingwer, rosa oder schwarzem Pfeffer oder Sternanis – verfeinern. Die Gewürze einfach während des Einkochens in den Saft rühren.

Ergibt 1 grosses Glas à 400 g

3 unbehandelte rosa oder rote Grapefruits, mit heissem Seifenwasser abgeschrubbt und abgetrocknet

2 grosse Bio-Eier

2 grosse Bio-Eigelb

125 g Zucker

75 g Butter, gewürfelt

1 Prise Salz

1 TL Zitronensaft

(alle Zutaten raumtemeriert)

Benötigte Utensilien

ein sterilisiertes Schraubglas mit 400 g Fassungsvermögen

Die Schale von 2 Grapefruits abreiben und in eine hitzebeständige Glas- oder Keramikschüssel geben. Alle Früchte auspressen und den Saft abmessen (Sie benötigen 300 ml). Aus dem Rest lässt sich – etwa mit einem Schuss Bourbon und viel Eis – ein herrlicher abendlicher Cocktail herstellen. Den Saft bei mittlerer Hitze in einer kleinen Kasserolle aufkochen, um die Hälfte reduzieren und danach 10 Minuten lang abkühlen lassen.

Den abgekühlten Saft über die Schalen gießen und mit der Zubereitung wie im Rezept Lemon-Curd auf Seite 33 beschrieben fortfahren. Sobald er die gewünschte Konsistenz hat, den Zitronensaft einrühren und wie auf Seite 33 beschrieben fortfahren.

Limetten-Marshmallows mit Passionsfrucht-Brausepulver

Selbst gemachte Marshmallows sind unvergleichlich. Meine Nichte findet sie »einfach zum Niederknien« und hat geschworen, keine gekauften mehr zu essen. Die süßen, klebrig-weichen Häppchen werden hier mit einem nach Passionsfrucht schmeckenden Brausepulver serviert, in das man sie eintunkt. Gefriergetrocknetes Passionsfruchtpulver kann man über das Internet beziehen.

Ergibt etwa 30 Stück

Sonnenblumenöl zum Einfetten

2 EL Puderzucker

2 EL Maisstärke

6 Blatt Gelatine

2 grosse Eiweiss

1 Prise Salz

350 g Zucker

1 EL flüssige Glukose oder Golden Syrup

Saft von 1 Limette

abgeriebene Schale von 2 unbehandelten Limetten

Für das Brausepulver

100 g Zucker

½ TL Zitronensäure

¼ TL Backnatron

1 EL gefriergetrocknetes Passionsfruchtpulver

Benötigte Utensilien

eine quadratische Backform mit 20 cm Seitenlänge

ein Zuckerthermometer

Elektrisches Handrührgerät mit Schneebesen-Aufsatz

Die Backform leicht mit dem Öl einfetten. Mit Frischhaltefolie oder Backpapier auslegen und dieses ebenfalls leicht einölen. Den Puderzucker mit der Maisstärke in einer kleinen Schüssel oder einem Gefrierbeutel mischen und die Form gleichmäßig damit ausstreuen. Die überschüssige Mischung in die Schüssel oder den Beutel zurückfüllen und aufheben.

Die Gelatine 10 Minuten in kaltem Wasser einweichen. Die Eiweiße mit dem Salz und 1 Esslöffel Zucker in eine Rührschüssel geben, aber noch nicht vermischen.

Den restlichen Zucker mit der Glukose und 150 ml kaltem Wasser in einen kleinen Topf geben und bei mittlerer Hitze unter Rühren erhitzen, bis sich der Zucker aufgelöst hat. Die Wärmezufuhr erhöhen, das Zuckerthermometer einhängen und die Mischung zum Kochen bringen. Den Sirup kochen lassen, bis das Thermometer 120 °C anzeigt, dann den Topf vom Herd nehmen.

Jetzt sind Schnelligkeit und Konzentration gefragt. Die Gelatine gut ausdrücken und die Eiweiße steif schlagen. Die Gelatine unter Rühren im heißen Sirup auflösen und die Mischung bei laufendem Handrührgerät (mittlere Stufe) in den Eischnee einlaufen lassen. Den Limettensaft hinzufügen und die Mischung etwa 6 Minuten schlagen, bis sie abgekühlt und glänzend weiß ist. Sie sollte so steif sein, dass die Rührbesen beim Herausnehmen eine Spur hinterlassen. Zum Schluss den Abrieb der Limettenschalen unterrühren.

Die Masse in die Backform füllen, mit einer Palette glatt streichen und an einem kühlen Ort mindestens 4 Stunden lang fest werden lassen.

Inzwischen die Zutaten für das Brausepulver in der Küchenmaschine 1–2 Minuten fein mahlen.

Ein großes Backblech mit der restlichen Zuckermischung bestreuen, das Marshmallow darauf stürzen, das Papier oder die Folie abziehen und das Marshmallow mit einem gefetteten Messer in Quadrate schneiden. Die Marshmallows vor dem Servieren großzügig mit dem Brausepulver bestreuen und den Rest in einer Schüssel getrennt dazu reichen.

Zitrusmarmelade

Zugegeben, das Marmeladekochen ist eine recht zeitaufwendige Angelegenheit. Dafür versüßt einem das Ergebnis dann aber für wenig Geld ein ganzes Jahr lang jeden Morgen das Frühstück. Die Schalen in Streifen zu schneiden, ist zwar nicht allzu anstrengend, aber doch recht eintönig. Wenn sich keine Helfer finden, machen Sie es doch einfach wie ich und lassen Sie sich vom Radio unterhalten. Dann geht die Arbeit noch einmal so gut von der Hand. Ich bevorzuge eine weniger bittere Marmelade mit sehr fein geschnittener Schale, deshalb kombiniere ich die Pomeranzen hier mit anderen Zitrusfrüchten.

Ergibt etwa 8 Gläser à 450 g

2 unbehandelte Pomeranzen
3 unbehandelte Mandarinen
1 unbehandelte Grapefruit
1 unbehandelte Zitrone
1,75 kg Gelier- oder Kristallzucker

Benötigte Utensilien

ein grosser Einmach- oder Marmeladentopf aus Edelstahl
ein sauberes Musselintuch und Küchengarn
8 Schraubgläser à 450 g Fassungsvermögen
ein Trichter (nach Belieben)

Sie benötigen insgesamt 950–1000 g Früchte. Die Zitrusfrüchte waschen, abtrocknen, halbieren und auspressen. Den Saft in den Topf gießen. Die Kerne, die sich in der Zitruspresse gesammelt haben, aufheben.

Die ausgepressten Schalen nochmals halbieren. Die Kerne und Fasern mit einem Teelöffel herauskratzen. Die Fasern und Kerne in das Musselintuch geben, dieses mit Küchengarn zubinden und in den Topf einhängen. Den Faden dabei am Topfgriff festbinden.

Die Schalen in Streifen schneiden. Ich bevorzuge feine Julienne-Streifen. Wie fein oder grob Ihre Streifen sein sollen, bleibt jedoch ganz Ihnen überlassen. Die Schalen in den Topf geben, 1,75 Liter kaltes Wasser angießen und das Ganze über Nacht (mindestens aber 12 Stunden) zugedeckt ziehen lassen.

Am folgenden Tag den Topfinhalt bei mittlerer Hitze aufkochen lassen. Die Wärmezufuhr danach verringern und das Ganze bei halb geöffnetem Deckel etwa 1 Stunde köcheln lassen, bis die Schalen so weich sind, dass man sie zwischen den Fingern zerdrücken kann. Achten Sie unbedingt darauf, dass die Schalen wirklich weich sind, denn sobald der Zucker hinzugefügt wird, werden sie nicht mehr weicher.

Den Backofen auf 150 °C (Umluft 130 °C) vorheizen. Den Zucker in eine hitzefeste Schüssel füllen und 10 Minuten im Ofen erwärmen. Zwei Unterteller in den Kühlschrank stellen. Die Gläser und Deckel in heißem Seifenwasser auswaschen und abtrocknen. Die Gläser – ohne Deckel – auf ein Backblech stellen und im Backofen sterilisieren.

Das Musselinsäckchen mit den Schalen aus dem Topf nehmen und etwas abkühlen lassen. Danach über dem Topf gut ausdrücken und wegwerfen.

Den Zucker hinzufügen und unter vorsichtigem Rühren auflösen. Die Mischung zum Kochen bringen und sprudelnd kochen lassen. Nach 15 Minuten die Probe machen, ob die Marmelade bereits fertig ist. Dazu einen Teelöffel Marmelade auf einen gekühlten Unterteller geben und 30 Sekunden warten. Zieht sich die Marmelade bei Berührung mit der Fingerspitze zusammen, ist sie fertig. Wenn nicht, die Marmelade noch etwa 5 Minuten weiterkochen lassen und die Probe wiederholen.

Den Topf anschließend vom Herd nehmen, den Schaum mit einem Schaumlöffel entfernen und die Marmelade etwa 10 Minuten abkühlen lassen (wenn Sie die Marmelade heiß in die Gläser füllen, setzen sich die Schalen oben ab, anstatt sich gleichmäßig zu verteilen).

Die Marmelade mit einem Schöpflöffel sowie gegebenenfalls mithilfe eines Trichters in die sterilisierten Gläser (siehe Seite 132) füllen. Die Gläser säubern, luftdicht verschließen und sobald die Marmelade vollständig erkaltet ist mit Etiketten versehen. Anschließend an einem kühlen, lichtgeschützten Ort aufbewahren.

Nach dem Öffnen ist die Marmelade im Kühlschrank bis zu 3 Monate haltbar, ungeöffnet 1 Jahr.

Pomeranzenmarmelade mit Whisky und Ingwer

Da Pomeranzen in Europa nur kurze Zeit – von etwa Ende Dezember bis Anfang Februar – auf dem Markt sind, sollten Sie die Gelegenheit nicht verpassen, um daraus eine köstliche Marmelade zu kochen. Wenn Sie zufällig noch ein paar Stückchen kandierten Ingwer haben, hacken Sie sie fein und geben sie mit dem Whisky in den Topf. So wird der Ingwergeschmack noch etwas intensiver.

Ergibt etwa 8 Gläser à 450 g

1 kg unbehandelte Pomeranzen

Saft von 1 Zitrone

1 Stück (5 cm) frischer Ingwer

2 kg Gelier- oder Kristallzucker

4 EL Whisky oder Ginger Wine

Benötigte Utensilien

ein grosser Einmach- oder Marmeladentopf aus Edelstahl

ein sauberes Musselintuch und Küchengarn

8 Schraubgläser à 450 g Fassungsvermögen

ein Trichter (nach Belieben)

Die Pomeranzen gründlich in heißem Seifenwasser abschrubben und abtrocknen. Die Früchte halbieren und auspressen. Die Kerne und Häutchen, die sich in der Zitruspresse angesammelt haben, in eine Schüssel füllen. Den Saft mit dem Zitronensaft in den Topf gießen.

Die Pomeranzenschalen wie im Rezept Zitrusmarmelade auf Seite 39 (Schritt 2 und 3) beschrieben klein schneiden, zum Saft geben und 2 Liter kaltes Wasser hinzufügen. Den Ingwer schälen, fein schneiden und ebenfalls in den Topf geben. Gut umrühren und das Ganze 24 Stunden lang zugedeckt durchziehen lassen.

Die Marmelade am folgenden Tag wie auf Seite 39 (Schritt 4) beschrieben kochen. Nach 30 Minuten zum ersten Mal prüfen, ob sie fertig ist. Den Whisky oder den Ginger Wine einrühren und die Marmelade noch 30 Sekunden kochen lassen. Den Topf dann vom Herd nehmen und die Marmelade etwas abkühlen lassen. In Gläser füllen und wie im Rezept Zitrusmarmelade beschrieben aufbewahren.

Bergamottenmarmelade

Diese ungewöhnliche Marmelade fülle ich gerne in etwas kleinere Gläser. So habe ich immer ein besonderes Geschenk zur Hand.

Ergibt 4 kleine Gläser à 250 g

5–6 unbehandelte Bergamotten (700 g)
2 unbehandelte süsse Orangen
1,5 kg Gelier- oder Kristallzucker

Benötigte Utensilien

ein Edelstahleinmachtopf
ein sauberes Musselintuch und Küchengarn
4 Schraubgläser à 250 g Fassungsvermögen
ein Trichter (nach Belieben)

Die Früchte mit heißem Seifenwasser abschrubben und abtrocknen. Die Hälfte der Bergamotten mit dem Gemüseschäler dünn abschälen und die Zesten in Julienne-Streifen schneiden. Sämtliche Früchte halbieren und auspressen. Den Saft in den Topf gießen, die Kerne, Häutchen und die ausgepressten Schalen in das Musselintuch füllen. Diese mit Küchengarn zubinden, in den Topf einhängen und am Griff festbinden. 1,75 Liter kaltes Wasser und die in Streifen geschnittenen Schalen hinzufügen. Das Ganze 24 Stunden lang ruhen lassen, damit die Schalen weich werden.

Die Marmelade am folgenden Tag wie im Rezept Zitrusmarmelade auf Seite 39 (ab Schritt 4) beschrieben fertigstellen. An einem kühlen, lichtgeschützten Platz können die Gläser bis zu 6 Monate gelagert werden. Angebrochene Gläser im Kühlschrank aufbewahren.

Rote-Bete-Salat mit Orangen

Meine Familie hat lange in Südwestfrankreich gelebt, und im Sommer nahmen wir die Mahlzeiten fast immer unter einem Walnussbaum im Garten ein. Mittags gab es oft Salate, die mein Stiefvater zubereitete und in die alles hineinkam, was der Gemüsegarten gerade hergab. Die verschiedenen Zutaten – das konnten bis zu zehn verschiedene sein – richtete er auf großen Platten an. Nicht ganz so üppig ist meine Variante mit Orangen, die wunderbar mit der Roten Bete, dem bitteren Chicorée und den hauchdünnen salzigen Schinkenscheiben harmonieren. Sie können den Salat aber nach Belieben beispielsweise noch mit Fenchel, Radieschen und knackigen grünen Bohnen anreichern. Was dann noch fehlt, ist nur die Sonne Südfrankreichs …

Für 4–6 Personen

6 kleine Rote Beten
6 EL Olivenöl extra vergine
2 EL Sherryessig
1 kleine Knoblauchzehe, zerdrückt
4 Orangen
2 rote Chicorée
2 weisse Chicorée
1 Bund Löwenzahnblätter
50 g Pekannüsse, grob gehackt
2 EL Schnittlauchröllchen
12 Scheiben luftgetrockneter Schinken
Salz und frisch gemahlener schwarzer Pfeffer

Die ungeschälten Roten Beten je nach Größe etwa 20 Minuten in Salzwasser weich kochen. Um die Garprobe zu machen, mit der Spitze eines Messers hineinstechen. Abgießen und noch warm schälen. Vierteln oder in Spalten schneiden und in eine Schüssel füllen.

In einer kleinen Schüssel das Olivenöl mit dem Essig und dem Knoblauch verrühren und mit Salz und Pfeffer würzen. Die warmen Roten Beten mit 1–2 Esslöffeln Dressing beträufeln und vollständig abkühlen lassen.

Von den Orangen oben und unten eine dünne Scheibe abschneiden und auf ein Küchenbrett stellen. Mit einem kleinen scharfen Messer die Schale rundherum abschneiden (von oben nach unten schneiden und auch die weiße Haut mit entfernen). Anschließend die Filets über der Schüssel mit dem Messer aus den Häutchen herauslösen.

Die Chicoréeblätter ablösen. Mit den Löwenzahnblättern waschen und auf einem sauberen Geschirrtuch trocknen lassen. Die Blätter auf Teller verteilen und die Roten Bete mit den Orangen darauf anrichten. Die Nüsse und den Schnittlauch darüberstreuen, das Ganze mit dem restlichen Dressing beträufeln. Die Schinkenscheiben neben dem Salat anrichten, noch einmal mit Salz und Pfeffer abschmecken und servieren.

Orangen-Churros mit Schoko-Karamellsauce

Wer könnte diesem knusprigen spanischen Fettgebäck widerstehen, das nach dem Ausbacken in Zucker gewendet und noch warm mit einer Schokoladensauce zum Eintunken serviert wird? Erst recht, wenn es wie in diesem Rezept mit einem Hauch Orangenschale aromatisiert und mit Schokoraspeln bestreut wird. Auch der Schoko-Karamell-Sauce verleihen Orangen eine besondere Note.

Für 4–6 Personen

Für die Orangen-Churros

100 g Butter, gewürfelt
1 kräftige Prise Meersalz
175 g Mehl (Type 405)
¼ TL Backpulver
3 grosse Eier, verquirlt
1 TL Orangenblütenwasser
abgeriebene Schale von 1 unbehandelten Orange
1,5 l Sonnenblumenöl zum Ausbacken
40 g Zartbitterschokolade, geraspelt
200 g Zucker

Für die Sauce

125 g Zucker
frisch gepresster Saft von 2 Orangen
150 ml Sahne
100 g Zartbitterschokolade, fein gehackt
1 TL Butter
1 gehäufte Msp. Meersalzflocken

Benötigte Utensilien

ein Zuckerthermometer
ein grosser Spritzbeutel mit grosser Sterntülle

Die Butter mit 200 ml kaltem Wasser und dem Salz in einen mittelgroßen Topf geben und bei geringer Hitze schmelzen lassen. Inzwischen das Mehl mit dem Backpulver auf ein Stück Backpapier sieben. Die Buttermischung aufkochen lassen und danach sofort vom Herd nehmen. Das Mehl in den Topf schütten und dabei kräftig mit einem Kochlöffel schlagen, bis ein glatter, glänzender Teig entstanden ist, der sich von den Topfwänden löst. Den Teig in eine Schüssel geben und 3–4 Minuten lang abkühlen lassen.

Die Eier einzeln unterrühren (der Teig sollte danach schwer reißend vom Löffel fallen) und zum Schluss das Orangenblütenwasser und die Orangenschale untermischen. Den Teig mit einem sauberen Geschirrtuch abdecken und auf Zimmertemperatur abkühlen lassen.

Inzwischen in einem kleinen Topf mit schwerem Boden den Zucker mit 1–2 Esslöffeln heißem Wasser bei geringer Hitze unter Rühren auflösen. Den Sirup aufkochen und so lange kochen lassen, bis ein goldgelber Karamell entstanden ist. Den Topf vom Herd nehmen und den Saft hineingießen. Achtung: Der Karamell spritzt! Wird der Karamell fest, lässt er sich bei geringer Hitze wieder verflüssigen. Sobald er wieder seidig und glatt ist, die Sahne hinzugeben und das Ganze erhitzen, bis es fast kocht. Den Topf danach wieder vom Herd nehmen und die Schokolade, die Butter und das Salz einrühren.

Das Öl in einen großen, breiten Topf gießen und bei mittlerer Hitze auf 180 °C erhitzen. Die Schokoladenraspeln unter den Teig ziehen, den Teig in den Spritzbeutel füllen, den Zucker auf einen großen Teller streuen und einen zweiten Teller mit einer dicken Schicht Küchenpapier auslegen. Den Teig in langen Streifen in das heiße Fett spritzen und die Streifen mit einer Schere abschneiden. Dabei darauf achten, dass der Topf nicht zu voll wird (sonst kühlt das Fett ab und die Churros werden weich und fettig). Bei jeder neuen Portion prüfen, ob das Öl noch heiß genug ist. Die Churros auf jeder Seite etwa 45 Sekunden goldbraun und knusprig ausbacken, mit einem Schaumlöffel herausheben und auf dem Küchenpapier abtropfen lassen. Das noch warme Gebäck im Zucker wälzen und sofort mit der warmen Sauce servieren.

Portugiesische Zitronentörtchen

Dies ist meine etwas vereinfachte Version der *Pastéis de Nata*, die eigentlich aus Blätterteig hergestellt und mit Vanillepudding gefüllt werden. Der Teig hat Ähnlichkeit mit einem Blätterteig und muss bereits am Vortag hergestellt werden. Sie können aber ohne weiteres auch einen fertigen Blätterteig nehmen, wenn es mal schnell gehen muss. Die *Pastéis de Nata* schmecken am besten frisch.

ERGIBT 20–24 STÜCK

Für den Teig

275 G MEHL (TYPE 405) PLUS MEHL ZUM BESTÄUBEN
1 KRÄFTIGE PRISE MEERSALZ
175 G WEICHE BUTTER

Für die Füllung

325 ML VOLLMILCH
SAFT VON 2 ZITRONEN
ABGERIEBENE SCHALE VON 1 UNBEHANDELTEN ZITRONE
250 G ZUCKER
4 GESTRICHENE EL MAISSTÄRKE
6 GROSSE EIGELB

Benötigte Utensilien

2 MUFFINFORMEN MIT 12 VERTIEFUNGEN ODER 12 MINI-PIEFORMEN

Für den Teig das Mehl in einer Rührschüssel mit dem Salz und 175 ml kaltem Wasser zu einem relativ glatten Teig verrühren. Die Arbeitsfläche leicht mit Mehl bestäuben und den Teig kurz durchkneten, bis er glatt ist. Zu einem Quadrat flach drücken, mit einer umgedrehten Schüssel bedecken und 15 Minuten ruhen lassen.

Die Arbeitsfläche leicht mit Mehl bestäuben und den Teig zu einem etwa 45 × 15 cm großen Rechteck ausrollen (das kurze Ende sollte zu Ihnen zeigen). Das Rechteck gedanklich in drei gleich große, etwa quadratische Stücke teilen. Den mittleren Teil gleichmäßig mit 120 g Butter bestreichen. Dann zunächst das untere und danach das obere Drittel darüberklappen, sodass ein Quadrat entsteht. Den Teig im Uhrzeigersinn um 90 Grad drehen, sodass das offene Ende nach links zeigt. Den Teig erneut zu einem Rechteck ausrollen und wie zuvor beschrieben falten. In Frischhaltefolie verpacken und 1 Stunde im Kühlschrank ruhen lassen.

Die Arbeitsfläche erneut leicht mit Mehl bestäuben. Den Teig wiederum zu einem etwa 45 × 15 cm großen Rechteck ausrollen, wie oben beschrieben falten und 1 Stunde kühlen.

Die Arbeitsfläche nochmals mit Mehl bestäuben, den Teig zu einem 40 × 50 cm großen Rechteck ausrollen und vorsichtig (damit er nicht einreißt) mit der restlichen Butter bestreichen. Den Teig vom unteren Ende her fest zu einer Spirale rollen, die Enden begradigen und die Spirale quer halbieren. Beide Teile in Frischhaltefolie verpacken und etwa 4 Stunden oder über Nacht im Kühlschrank ruhen lassen.

Inzwischen die Milch mit 150 ml kaltem Wasser und dem Zitronensaft langsam erhitzen, bis die Mischung fast kocht. Zitronenschale, Zucker, Maisstärke und die Eigelbe in einer Schüssel verrühren, die Hälfte der Milch darübergießen und das Ganze mit dem Schneebesen glatt rühren. Die Mischung zur restlichen Milch gießen und bei geringer Hitze unter ständigem Rühren eindicken lassen. Die Creme in eine Schüssel umfüllen, mit Frischhaltefolie abdecken (die Folie direkt auf die Creme legen, damit sich keine Haut bildet), abkühlen lassen und danach kalt stellen.

Den Backofen auf 200 °C (Umluft 180 °C) vorheizen. Die Arbeitsfläche leicht mit Mehl bestäuben und den Teig in 1 cm dicke Scheiben schneiden. Diese zu etwa 11 cm großen Scheiben ausrollen und die Vertiefungen der Muffinformen bzw. die Förmchen damit auskleiden. Je 1 gehäuften Teelöffel Creme darauf verteilen und die Törtchen etwa 25 Minuten auf der mittleren Schiene des Backofens backen, bis die Creme leicht gebräunt und der Teig goldgelb und knusprig ist.

Die *Pastéis de Nata* 5–10 Minuten in der Form abkühlen lassen, anschließend herauslösen und zuletzt auf einem Kuchengitter vollständig auskühlen lassen.

Geschmorte Lammschulter mit Orangen

Ich bin ein absoluter Fan von Gerichten, die mit wenig Aufwand zubereitet werden können und doch vorzüglich schmecken. Auf eines sollte man dabei jedoch unbedingt achten: auf die Qualität der Zutaten; in diesem Fall der Lammschulter, die – am besten über Nacht – mit aromatischen Gewürzen mariniert und anschließend langsam gegart wird, bis sie förmlich auf der Zunge zergeht. Mehr müssen Sie eigentlich nicht tun und können währenddessen sogar getrost einen Spaziergang machen. Selbst an der Sauce muss nichts mehr verbessert werden. Dazu passen mit Fenchelsamen bestreute Kartoffeln oder ein mit Kräutern verfeinerter Couscous.

Für 4–6 Personen

1 gehäufter TL Kreuzkümmelsamen
1 gehäufter TL Fenchelsamen
2 kleine getrocknete rote Chilischoten
1 TL Ancho-Chilipulver oder geräuchertes Paprikapulver
3 EL Olivenöl
3 EL klarer Honig
Meersalz, schwarzer Pfeffer
1 Lammschulter mit Knochen (2 kg)
4–5 kleine rote Zwiebeln, geviertelt
2 Pomeranzen, in heissem Seifenwasser abgeschrubbt, abgetrocknet und geviertelt
2 Knoblauchknollen, waagrecht halbiert
1 Zimtstange
2 EL Granatapfelsirup

Kreuzkümmel, Fenchel und die Chilischoten ohne Zugabe von Fett 1 Minute bei geringer bis mittlerer Hitze in einer kleinen Pfanne rösten, bis sie aromatisch duften. Die Pfanne dabei gelegentlich schwenken. Die Gewürze anschließend im Mörser sehr fein zermahlen. Das Chili- oder das Paprikapulver, das Olivenöl und den Honig sowie das Meersalz und den Pfeffer hinzufügen.

Die Lammschulter 5–6-mal mit einem scharfen Messer einschneiden, damit die Gewürze gut in das Fleisch eindringen können. Die Lammschulter mit der Gewürzmischung, den Pomeranzen, den Zwiebeln, dem Knoblauch und dem Zimt in einen großen Gefrierbeutel (oder einen Bräter) geben und alles gut miteinander vermengen. Den Beutel verschließen (oder den Topf zudecken) und über Nacht in den Kühlschrank stellen. Das Fleisch am folgenden Tag rechtzeitig aus dem Kühlschrank nehmen, damit es sich auf Raumtemperatur erwärmen kann, und den Backofen auf 190 °C (Umluft 170 °C) vorheizen.

Den Beutelinhalt in einen großen Bräter geben. Dabei darauf achten, dass die Hautseite der Lammschulter nach oben zeigt. Die Gewürze gleichmäßig um das Fleisch verteilen und den Bräter 20 Minuten lang ohne Deckel in den Ofen schieben. Den Bräter danach mit Alufolie abdecken, die Temperatur auf 150 °C (Umluft 130 °C) reduzieren und das Fleisch 2 ½ Stunden garen, bis es weich ist. Die Folie abnehmen, die Temperatur auf 190 °C (Umluft 170 °C) erhöhen, das Fleisch mit dem Granatapfelsirup und dem Bratenfond begießen und weitere 20 Minuten braten, bis das Fleisch gebräunt ist.

Die Lammschulter aus dem Ofen nehmen, mit Alufolie abdecken und gute 20 Minuten im Bräter ruhen lassen. Das Fleisch anschließend mit einer Gabel vom Knochen lösen, auf einer Platte anrichten und zuletzt noch mit dem Bratensaft überziehen.

Frühlingssalat mit Zitronendressing und Ziegenkäsetoast

Das Zitronendressing ist ausgesprochen vielseitig verwendbar und passt vorzüglich zu Tomaten mit Basilikum, gegrillten Zucchini und Auberginen, Avocados oder einfachen Blattsalaten. Die Gremolata dient traditionell zum Verfeinern des italienischen Ossobuco, verleiht aber auch Risottos, gegrilltem Fleisch, Fisch und Gemüse eine frische Note. Falls Sie sie nicht im eigenen Garten haben, kaufen Sie Erbsen und Dicke Bohnen nach Möglichkeit mit Hülsen. Sie sind frischer und schmackhafter als fertig abgepackte Produkte.

Für 4 Personen als Vorspeise oder leichtes Mittagessen

1 grosses Bund grüner Spargel

200 g Erbsen, enthülst

200 g Dicke Bohnen, enthülst

75 g junger Spinat

1 Handvoll Erbsensprossen

4 Scheiben Sauerteigbrot

1 Rolle (200 g) junger Ziegenkäse in Asche

Salz

Für die Gremolata

1 unbehandelte Zitrone

2 Knoblauchzehen, fein gehackt

4 EL glatte Petersilie, fein gehackt

2 EL grüne Oliven, grob gehackt

Meersalzflocken und frisch gemahlener schwarzer Pfeffer

Für das Dressing

Saft von 1 Zitrone

4 EL Olivenöl extra vergine plus Olivenöl zum Beträufeln

1 TL Dijon-Senf

1 TL klarer Honig

Meersalzflocken und frisch gemahlener schwarzer Pfeffer

Die holzigen Enden der Spargelstangen abschneiden. Die Stangen in 5–6 cm lange Stücke schneiden, 3 Minuten in kochendem Salzwasser blanchieren und in Eiswasser abschrecken. Dadurch wird nicht nur der Garvorgang gestoppt, der Spargel behält so auch seine schöne grüne Farbe. Dann nacheinander die Erbsen und die Bohnen ins Salzwasser geben und 1–2 Minuten blanchieren. Die Erbsen zum Spargel geben, die Bohnen in ein Sieb abgießen, unter fließendem kaltem Wasser abschrecken und die Häutchen entfernen. Das Gemüse anschließend abtropfen lassen und mit Küchenpapier trocken tupfen.

Für die Gremolata die Zitronenschale mit einem Zestenreißer in feinen Streifen abschälen und den Saft für das Dressing auspressen. Die Schale in einer kleinen Schüssel mit den übrigen Zutaten mischen und mit Salz und Pfeffer würzen.

Für das Dressing den Zitronensaft in einer Schüssel kräftig mit dem Olivenöl und dem Senf verrühren und mit Honig, Salz und Pfeffer abschmecken. Bohnen, Erbsen und Spargel mit dem Dressing anmachen und mit dem Spinat und den Sprossen auf Tellern anrichten.

Das Brot unter dem Backofengrill auf beiden Seiten rösten. Den Käse in 1 cm dicke Scheiben schneiden und jede Brotscheibe mit 1 Käsescheibe belegen. Die Brote nochmals unter den Grill schieben, bis der Käse weich wird. Die Brote mit der Gremolata bestreuen und sofort mit dem Salat servieren.

Thailändischer Pomelosalat mit Hummer und Krebsfleisch

In Thailand wird dieser Salat – allerdings ohne Meeresfrüchte – gerne zu Currys serviert. Mit Hummer- und Krebsfleisch angereichert, wird daraus eine vollwertige Mahlzeit. Ist Ihnen Hummer zu teuer, ersetzen Sie ihn einfach durch frisch gekochte Riesengarnelen oder gegrillten Tintenfisch.

Für 4 Personen als leichtes Mittagessen oder als Teil eines Büffets

Für das Dressing

2–3 Bird's-Eye-Chilis, die Samen entfernt und fein gehackt

2 Knoblauchzehen, fein gehackt

3 frische Limettenblätter, in feine Streifen geschnitten

1 grosser oder 2 kleine Stängel Zitronengras, die äusseren Schichten entfernt, das Innere fein geschnitten

1 EL Ingwer, frisch gerieben

4 EL Limettensaft

3 EL Palmzucker oder brauner Zucker

3 EL Fischsauce

3 EL Reisweinessig

Für den Salat

2 Pomelos

1 grosser Hummer, gekocht

200 g weisses Krebsfleisch, frisch gekocht

1 Handvoll Korianderblätter

1 Handvoll Thai-Basilikum

Fruchtfleisch von ¼ Kokosnuss, mit dem Gemüseschäler in Späne gehobelt

3 rote Schalotten, in feine Ringe geschnitten

Für das Dressing die Chilischoten mit Knoblauch, Limettenblättern und Zitronengras im Mörser zerstoßen. Die übrigen Zutaten hinzufügen und alles gut verrühren, bis sich der Zucker aufgelöst hat.

Von den Pomelos oben und unten eine Scheibe abschneiden. Die Früchte auf ein Küchenbrett stellen und die Schale mit einem scharfen Messer großzügig abschneiden. Dabei auch die weiße Haut mit entfernen. Mit einem spitzen, scharfen Messer die Filets aus den Häutchen herauslösen, mit zwei Drittel des Dressings anmachen und durchziehen lassen.

Die Scheren vom Hummer abtrennen, mit dem Nudelholz oder einem Fleischklopfer aufbrechen und das Fleisch herauslösen. Den Kopf abdrehen und mit sämtlichen Schalen für eine Brühe aufheben. Den Panzer auf der Unterseite mit einer Küchenschere in der Mitte durchtrennen, vorsichtig abnehmen und den Schwanz in einem Stück entnehmen. Das Schwanzfleisch anschließend in dicke Scheiben schneiden.

Die Pomelofilets mit dem Hummer- und dem Krebsfleisch auf vier Teller verteilen, mit Koriander und Basilikum bestreuen und mit dem restlichen Dressing beträufeln. Den Salat mit den Kokosspänen und den Schalottenringen garnieren und sofort servieren.

Pomelos stammen ursprünglich aus Südostasien und sind heute in fast jedem gut sortierten Supermarkt zu finden. In jedem Fall bekommt man sie in guten thailändischen oder asiatischen Lebensmittelgeschäften, wo Sie auch die übrigen Zutaten für diesen Salat kaufen können. Die Frucht mit der dicken, glatten, gelblich grünen Schale kann bis zu 1 kg schwer werden, besteht jedoch zum größten Teil aus Schale und weißer Haut.

Thunfischsalat mit Grapefruit und Zitrusdressing

Dieser Salat ist nicht nur etwas für den Gaumen, sondern auch für das Auge. Der Thunfisch kann nach Belieben durch gekochte Garnelen ersetzt werden, statt Mizuna eignet sich auch Rucola. Sollten Sie jedoch einen Garten oder auch nur eine kleine Terrasse besitzen, würde ich Ihnen empfehlen, dieses auch »Japanischer Senfkohl« genannte Blattgemüse mit den pfeffrig-scharfen Blättern in Töpfen zu ziehen, denn es ist eine echte Bereicherung für jeden Salat.

Für 4 Personen als leichte Mahlzeit

1 Knolle Fenchel
4 EL Reisessig
2 EL Zucker
1 Prise Salz
2 rosa Grapefruits
250 g Thunfisch
1 Handvoll Mizuna
rote Perilla oder andere Keimlinge oder Sprossen
1 EL Sesamsamen, leicht geröstet
Nanami Togarashi (japanisches Chiligewürz)

Für das Dressing

2 EL Sojasauce
2 EL Grapefruit-, Orangen- oder Mandarinensaft
4 TL Yuzu- oder Limettensaft
4 EL Sesamöl
frisch gemahlener schwarzer Pfeffer

Den Fenchel putzen, vierteln und am besten mit dem Gemüsehobel in sehr feine Streifen schneiden. Die Streifen in eine Glas- oder Keramikschüssel füllen. In einer kleinen Kasserolle den Essig mit Zucker und Salz verrühren und zum Kochen bringen. Den Topf dabei ständig schwenken, damit sich der Zucker auflöst. Den heißen Essig über den Fenchel gießen und das Ganze 30 Minuten ruhen lassen, damit das Gemüse weich wird.

Inzwischen von den Grapefruits oben und unten eine dünne Scheibe abschneiden. Die Früchte auf ein Küchenbrett setzen und die Schalen großzügig abschneiden, um auch die weiße Haut mit zu entfernen. Anschließend die Filets aus den Häutchen lösen und beiseitestellen. Den Saft, der dabei anfällt, in eine Schüssel geben (Sie benötigen 2 Esslöffel für das Dressing).

Die Dressingzutaten in einer kleinen Schüssel mit dem Grapefruitsaft verrühren.

Den rohen Thunfisch in mundgerechte Stücke schneiden und auf vier Teller verteilen. Den Fenchel abtropfen lassen und mit den Grapefruits um den Fisch anrichten. Den Mizuna waschen, trockenschütteln und ebenfalls um den Fisch anrichten. Die Perilla oder die Sprossen rundherum verteilen und das Ganze mit dem Sesam bestreuen. Das Dressing darüberträufeln, mit dem Nanami Togarashi würzen und sofort servieren.

Beeren, Feigen & Rhabarber

Eine Schüssel mit süßen, leuchtend bunten Beeren – ich kenne niemanden, der diesen kleinen, ein wenig an Juwelen erinnernden Vorboten des Sommers widerstehen könnte.

Beeren, Feigen und Rhabarber haben vom späten Frühjahr bis zum Spätsommer Saison. Der Erste ist zum Frühlingsbeginn der fast neonrosafarbene Treibrhabarber, das Schlusslicht bilden die schwarzen Feigen, die bereits den Herbstanfang ankündigen. Dazwischen wechseln sich in rascher Folge Erdbeeren, Himbeeren, Stachelbeeren, Johannisbeeren, Blaubeeren und Brombeeren ab. Für den Koch ist dies eine Zeit des Überflusses. Beeren werden zwar inzwischen fast das ganze Jahr über angeboten – wenn bei uns die Saison längst vorbei ist, importiert man sie vom anderen Ende der Welt –, ihnen fehlen jedoch der Geschmack und die Süße der frisch geernteten Früchte.

Wenn Sie das Glück haben, einen Garten zu besitzen oder in Ihrer Nähe die Möglichkeit haben, die Früchte bei einem Bauern selbst zu ernten, wissen Sie, wie viel besser frisch vom Strauch gepflückte, vollreife Beeren schmecken, die noch warm von der Sonne sind und voll süßem Saft stecken. Ich erinnere mich gut daran, wie ich als Kind viele Nachmittage auf solchen Feldern verbrachte. Der größte Teil der saftigen Erdbeeren und Himbeeren landete dabei allerdings nicht, wie er eigentlich sollte, im Korb, sondern in meinem Mund.

In meiner Küche verwende ich Beeren vor allem für Süßspeisen oder ich koche sie ein. In pikanten Gerichten finden sie bei mir eher selten Verwendung. Deshalb finden Sie in diesem Kapitel Rezepte für Obstsalate, Gebäck und Desserts, in denen die Früchte meines Erachtens am besten zur Geltung kommen. Und wenn sie gut sind, bedürfen sie keiner aufwendigen Zubereitung. Es gibt für mich nichts Herrlicheres als eine Schüssel mit Gartenerdbeeren, die nur mit etwas Vanillezucker und einem Krug Sahne oder mit knusprigen, leicht karamellisierten Baisers serviert werden.

Feigen – ob frisch oder getrocknet – harmonieren dagegen vorzüglich mit pikanten Speisen, etwa einem pikanten Käse, gerösteten Nüssen, salzigem Pökelschinken oder leicht bitteren Blattsalaten. Stachelbeeren und Rhabarber kombiniert man gerne mit fettem Fleisch und Fisch wie Ente und Makrele. Ich mag Stachelbeeren allerdings am liebsten in Kombination mit etwas Süßem, Sahnigem, wie in meinem Rezept auf Seite 71.

Irisches Sodabrot mit Feigen, Haselnüssen und Fenchel

Es gibt vermutlich kein anderes Brot, das so schnell und einfach herzustellen ist wie das irische Sodabrot. Da es ganz ohne Hefe gemacht wird, muss der Teig nicht erst lange gehen. Dafür will er mit viel Gefühl und nicht zu kräftig geknetet werden, damit das Brot nicht zäh wird. Besonders gut schmeckt das Sodabrot frisch mit guter – möglichst irischer – Butter oder mit Käse und einem Chutney. Die getrockneten Feigen, die ich hier verwendet habe, können Sie auch durch getrocknete Aprikosen, Rosinen oder getrocknete Cranberrys ersetzen. Und anstelle von Haselnüssen eignen sich ebenso gut Walnüsse, Pekannüsse oder Mandeln.

Ergibt 1 grossen Laib

100 g blanchierte Haselnüsse

125 g weiche getrocknete Feigen

300 g Mehl (Type 405) plus Mehl zum Bestäuben

150 g Vollkorn-Dinkel- oder Roggenmehl

1 gehäufter TL Backnatron

1 TL Meersalzflocken

1 TL Fenchelsamen

½ TL frisch gemahlener schwarzer Pfeffer

450 ml Buttermilch plus 2 EL zum Bepinseln

2 TL klarer Honig

1 Handvoll Dinkel- oder Roggenflocken

Den Backofen auf 180 °C (Umluft 160 °C) vorheizen und ein großes Backblech leicht mit Mehl bestäuben oder mit Backpapier auslegen.

Die Haselnüsse auf ein Backblech streuen und im Backofen etwa 4 Minuten goldgelb rösten. Anschließend grob hacken und zur Seite stellen. Die Stielansätze der Feigen abschneiden und die Früchte grob hacken.

Beide Mehle mit dem Backnatron in eine große Rührschüssel sieben. Salz, Fenchel, Pfeffer und danach die Nüsse sowie die Feigen untermischen. Zum Schluss eine Vertiefung in die Mischung drücken.

Die Buttermilch mit dem Honig verrühren, in die Mulde gießen und die Zutaten kurz mit einem großen Löffel oder einem Spatel vermengen. Den Teig in der Schüssel kurz mit den Händen durchkneten, dann aus der Schüssel nehmen und nochmals kurz auf der leicht bemehlten Arbeitsfläche durchkneten. (Damit der Teig schön locker bleibt, sollten Sie ihn keinesfalls zu sehr kneten.) Zu einem runden Brot formen, auf das vorbereitete Blech legen und mit 2 Esslöffeln Buttermilch bepinseln. Mit einem langen, scharfen Messer ein tiefes Kreuz in die Mitte ritzen. Das Brot mit Dinkel- oder Roggenflocken bestreuen und etwa 35 Minuten auf der mittleren Einschubleiste goldbraun backen. Das Brot ist fertig, wenn es hohl klingt, wenn man unten darauf klopft. Das Brot umdrehen, noch 3–4 Minuten backen und danach auf einem Kuchengitter vollständig auskühlen lassen.

Feigen-Chutney

Ob aus frischen oder getrockneten Feigen hergestellt, jedes der beiden Chutneys passt gleichermaßen gut zu Käse wie zu kaltem Braten. Da frische Feigen nicht immer auf dem Markt sind, greife ich allerdings häufiger zu getrockneten Früchten. Chutneys und Relishes kann man übrigens sofort genießen, denn sie müssen nicht erst monatelang lagern, um ihren Geschmack zu entfalten.

Aus frischen Feigen

Ergibt 2 Gläser

8 große frische Feigen

1 Zwiebel oder 2 längliche Schalotten, fein gehackt

1 Stück (5 cm) frischer Ingwer, gerieben

200 g Demerara-Zucker

150 ml Cidre-Essig

2 TL gelbe Senfsamen

1 Zimtstange

1 Lorbeerblatt

1 Prise Piment

Salz und frisch gemahlener schwarzer Pfeffer

Benötigte Utensilien

2 Schraubgläser à 450 g Fassungsvermögen

Die Stiele der Feigen abschneiden, die Früchte klein schneiden und in einen großen Edelstahltopf füllen. Die übrigen Zutaten dazugeben und kräftig mit Salz und Pfeffer würzen. Die Feigen bei geringer bis mittlerer Hitze unter häufigem Rühren erhitzen, bis sich der Zucker aufgelöst hat.

Die Früchte aufkochen und 30 Minuten lang köcheln lassen, bis sie weich sind und ein glänzendes, klebriges Chutney entstanden ist. Dabei immer wieder umrühren.

Die Zimtstange und das Lorbeerblatt herausnehmen, das Chutney in die sterilisierten Gläser (siehe Seite 132) füllen und verschließen. Abkühlen lassen, mit Etiketten versehen und an einem kühlen, lichtgeschützten Ort aufbewahren. Das Chutney hält sich bis zu 6 Monate. Angebrochene Gläser können bis zu 1 Monat im Kühlschrank aufbewahrt werden.

Aus getrockneten Feigen

Ergibt 2 Gläser

125 g weiche getrocknete Feigen, grob gehackt

50 g Rosinen, Sultaninen oder gehackte getrocknete Datteln

1 große Schalotte, in Ringe geschnitten

1 kleiner Tafelapfel, geschält und in Würfel geschnitten

100 g heller Muscovado-Zucker

125 ml Cidre-Essig

1 TL abgeriebene Orangenschale

1 Zimtstange

1 Lorbeerblatt

Salz und frisch gemahlener schwarzer Pfeffer

Benötigte Utensilien

2 Schraubgläser à 450 g Fassungsvermögen

Die Feigen mit den übrigen Zutaten – bis auf Salz und Pfeffer – in einem großen Edelstahltopf bei geringer bis mittlerer Hitze unter häufigem Rühren erhitzen, bis sich der Zucker aufgelöst hat.

Die Früchte zum Kochen bringen und etwa 25 Minuten köcheln lassen, bis ein dickes, glänzendes Chutney entstanden ist. Dabei immer wieder umrühren.

Die Zimtstange und das Lorbeerblatt entfernen, das Chutney mit Salz und Pfeffer abschmecken und abkühlen lassen. Anschließend in die sterilisierten Gläser (siehe Seite 132) füllen und verschließen. Im Kühlschrank ist das Chutney 2 Monate haltbar.

Tarte mit Feigen und Ziegenkäse

Diese Tarte eignet sich vorzüglich als leichtes Mittagessen. Sie sieht nicht nur äußerst appetitanregend aus, sondern ist auch im Handumdrehen zubereitet. Dazu passt am besten ein pfeffriger Blattsalat, zum Beispiel aus wilder Rucola und Mizuna mit Balsamico-Dressing, den man zum Schluss noch mit ein paar Parmesanspänen bestreut.

Für 4 Personen

Mehl zum Bestäuben

250 g Blätterteig

2 mittelgrosse Eier

1 mittelgrosses Eigelb

150 ml Sahne

4–6 frische Feigen

100 g Gorgonzola oder weicher Ziegenkäse

2 EL Pinienkerne

2 Zweige Thymian, die Blätter abgezupft

Salz und frisch gemahlener schwarzer Pfeffer

gereifter Balsamico-Essig und Olivenöl extra vergine zum Beträufeln

Benötigte Utensilien

eine rechteckige Tarteform (35 × 11 cm)

Die Arbeitsfläche leicht mit Mehl bestäuben und den Teig zu einem Rechteck in der Größe der Form ausrollen. Dabei auf jeder Seite 3 cm zugeben. Den Teig vorsichtig in die Form heben, den Boden und die Wände gleichmäßig damit auskleiden. Die Form anschließend 30 Minuten in den Kühlschrank stellen. Inzwischen den Backofen auf 200 °C (Umluft 180 °C) vorheizen und ein Backblech auf der mittleren Schiene einschieben.

Für die Füllung die Eier und das Eigelb kräftig mit der Sahne verrühren und mit Salz und Pfeffer würzen. Die Stiele der Feigen abschneiden und die Früchte halbieren. Den Tarteboden mehrfach mit einer Gabel einstechen und die Eiermischung darauf verteilen. Den Käse darüberkrümeln und die Feigen mit der Schnittfläche nach oben darauflegen. Nun das Ganze mit den Pinienkernen und den Thymianblättern bestreuen.

Die Tarte auf das heiße Backblech stellen und 15 Minuten backen, bis die Füllung zu stocken beginnt und der Teig Farbe annimmt. Die Temperatur auf 180 °C (Umluft 160 °C) reduzieren und die Tarte weitere 15 Minuten backen.

Vor dem Servieren die Tarte etwas abkühlen lassen, mit Balsamico-Essig und Olivenöl beträufeln.

Bunter Salat mit Feigen und Blauschimmelkäse

Alles, was Sie für diesen Salat benötigen, finden Sie im Frühherbst auf jedem französischen oder italienischen Markt: vollreife Feigen, pikante Blauschimmelkäse, zum Beispiel einen Persillé du Marais aus Ziegenmilch, einen Roquefort, Gorgonzola oder einen Bleu de Brébis Régalis Cesar, und herrlichen Iberico-, Bayonne-, Serrano- oder Parmaschinken – Köstlichkeiten, die man einfach aus dem Wachspapier, in das sie verpackt sind, genießen kann, während man die Schönheit eines pittoresken Ortes bestaunt. Die besten Dinge sind eben oft die einfachsten.

Für 3–4 Personen

2 Chicorée

1 Radicchio

200 g Blauschimmelkäse (siehe Einführung zu diesem Rezept)

1 grosse Handvoll gehackte, geröstete Haselnusskerne

6 reife Feigen

8 Scheiben luftgetrockneter Schinken (siehe Einführung zu diesem Rezept)

fruchtiges natives Olivenöl

gereifter Balsamico-Essig

Salz und frisch gemahlener schwarzer Pfeffer

Sauerteigbrot zum Servieren

Die Chicorée- und Radicchioblätter ablösen, waschen und auf einem sauberen Geschirrtuch trocknen lassen. Auf einer Platte anrichten, den Käse darüberkrümeln und die Haselnüsse darüberstreuen. Die Feigen vierteln oder in mundgerechte Stücke schneiden und mit den Schinkenscheiben darauf anrichten.

Großzügig mit Balsamico-Essig und sehr großzügig mit Olivenöl beträufeln, mit Salz und Pfeffer würzen und mit einem knusprigen Sauerteigbrot – zum Auftunken des Dressings – servieren.

Stachelbeer-Wackelpudding

Sollten Sie dieses Rezept zu Beginn der Stachelbeersaison zubereiten, wenn der Holunder noch blüht, können Sie eine Handvoll Blütendolden mit den Beeren mitkochen. Auf diese Weise bekommt der Wackelpudding eine aromatische, florale Note. Dabei sollte man aber, wie generell bei frischen Blüten, darauf achten, dass sie gewaschen und frei von Insekten und Pestiziden sind. Auch sollten Sie die Blüten nicht am Straßenrand pflücken. Oder Sie nehmen einfach einen Schuss Holunderblütensirup. Aber wirklich nur einen Schuss, damit der feine Stachelbeergeschmack nicht überdeckt wird. Wie viel Gelatine (7 oder 9 Blätter) Sie verwenden, hängt davon ab, wie fest der Wackelpudding sein soll. Wollen Sie ihn beispielsweise in Gläsern servieren, muss es weniger fest sein. Sie benötigen dann lediglich 7 Blätter. Wollen Sie ihn hingegen aus einer Form auf eine Platte stürzen, sollten Sie die größere Menge nehmen. Außerdem sollte er in diesem Fall schon 24 bis 48 Stunden vor dem Servieren zubereitet werden. Denn je mehr Zeit Sie ihm zum Festwerden geben, desto besser bleibt er in Form.

Für 1 grosse Puddingform oder 6–8 Portionsgläser

1,25 kg Stachelbeeren, unter fliessendem Wasser gewaschen (mehr ist nicht nötig)

125–150 g Zucker

7–9 Blatt Gelatine (siehe Einführung zu diesem Rezept)

Sonnenblumenöl zum Einfetten der Form

weisse Johannisbeeren oder Holunderblüten zum Dekorieren

flüssige Sahne zum Servieren

Benötigte Utensilien

eine Puddingform mit 1 Liter Fassungsvermögen (nach Belieben)

Wenn Sie gerne mal einen Cocktail genießen, machen Sie es wie ich und füllen Sie das nach dem Abseihen im Sieb zurückbleibende Fruchtfleisch in ein Einmachglas. Geben Sie eine Handvoll Holunderblüten und eine Flasche Gin dazu. Verschließen Sie das Glas luftdicht und schütteln es einmal. Stellen Sie es dann einen Monat in den Kühlschrank und schütteln es einmal pro Tag. Seihen Sie den Gin danach durch ein mit Gaze ausgelegtes Sieb – und genießen Sie.

Die Stachelbeeren bei geringer bis mittlerer Hitze und halb geöffnetem Deckel mit 500 ml kaltem Wasser in einem großen Topf zum Kochen bringen. Die Wärmezufuhr danach verringern und die Beeren köcheln lassen, bis sie aufgeplatzt sind. Dabei mit einem Kochlöffel umrühren, um die Früchte aufzubrechen.

Ein mit Gaze ausgelegtes Sieb über einer großen Schüssel aufhängen. Die Mischung hineingießen und den Saft langsam in die Schüssel tropfen lassen, bis sich im Sack nur noch die Schalen und Kerne befinden. Das kann mehrere Stunden dauern. Den Sack während des Abtropfens nicht drücken und die Früchte nicht berühren. Den Saft anschließend abmessen (Sie benötigen 1 Liter), den Zucker hinzufügen und so lange rühren, bis er sich aufgelöst hat.

Die Gelatine 10 Minuten in einer großen Schüssel mit kaltem Wasser einweichen. Die Hälfte des Stachelbeersafts in einen Topf gießen, einmal kurz aufkochen lassen und danach vom Herd nehmen. Die Gelatine gut ausdrücken und kurz auf ein Stück Küchenpapier oder ein sauberes Geschirrtuch legen. Unter Rühren im heißen Saft auflösen, den restlichen Saft einrühren und das Ganze auf Zimmertemperatur abkühlen lassen. In Gläser oder eine leicht mit Öl eingefettete Puddingform füllen und im Kühlschrank fest werden lassen. In Gläsern benötigt der Pudding dazu mindestens 24 Stunden, in der Form dauert es etwas länger (siehe die Einführung zu diesem Rezept).

Wenn Sie den Wackelpudding in einer Form zubereiten, diese kurz in eine Schüssel mit kochend heißem Wasser tauchen und dann den festgewordenen Pudding vorsichtig auf eine Servierplatte stürzen. Mit weißen Johannisbeeren oder Holunderblüten verzieren und anschließend mit einem Krug flüssiger Sahne servieren.

Stachelbeer-Posset mit Ingwerkeksen

Traditionell wird Posset, ein englischer Pudding, nur aus drei Zutaten hergestellt: Sahne, Zucker und Zitronensaft. Hier habe ich die Zitrone einmal durch gekochte Stachelbeeren ersetzt, die man in England gerne mit Schlagsahne isst – ein Dessert, das ich nicht nur wegen seiner Einfachheit besonders liebe. Der Posset ist allerdings ziemlich gehaltvoll, also nicht unbedingt figurfreundlich. Deshalb serviere ich ihn in kleinen Gläsern und reiche als Kontrast dazu knusprige Ingwerkekse, die schnell gebacken sind, während der Posset im Kühlschrank ruht.

Für 4–6 Personen; ergibt etwa 30 Kekse

Für den Posset

400 g Stachelbeeren, unter fliessendem Wasser gewaschen, die Stiel- und Blütenansätze entfernt

125 g Zucker

450 ml Sahne

Für die Kekse

125 g weiche Butter

50 g heller Muscovado-Zucker

1 EL Golden Syrup (oder hellen Sirup von Grafschafter)

150 g Mehl (Type 405) plus Mehl zum Bestäuben

25 g gemahlene Mandeln

¼ TL Backpulver

¼ TL Backnatron

1 TL gemahlener Ingwer

½ TL Zimt

frisch geriebene Muskatnuss

1 Prise Salz

3–4 Stückchen frischer oder kandierter Ingwer (nach Belieben)

Benötigte Utensilien

ein feinmaschiges Nylonsieb

ein Plätzchenausstecher (Ø 6 cm) mit gewelltem Rand

Für den Posset die Stachelbeeren mit 2 Esslöffeln kaltem Wasser in einen Topf geben und zugedeckt bei geringer bis mittlerer Hitze etwa 15 Minuten lang kochen lassen, bis sie sehr weich sind. Das Nylonsieb über einer Schüssel einhängen, die Beeren in das Sieb abgießen und etwa 40 Minuten abtropfen lassen.

Den Saft abmessen (Sie benötigen etwa 175 ml) und im zwischenzeitlich gesäuberten Topf zum Kochen bringen. Anschließend bei mittlerer Hitze auf 100 ml einkochen lassen, vom Herd nehmen und den Zucker unter Rühren darin auflösen.

In einem zweiten Topf die Sahne aufkochen und danach sofort in den heißen Stachelbeersirup gießen. Das Ganze mit dem Schneebesen glatt rühren. Den Posset in kleine Gläser füllen und vollständig abkühlen lassen. Anschließend mit Frischhaltefolie abdecken, etwa 4 Stunden im Kühlschrank fest werden lassen.

In der Zwischenzeit die Kekse backen. Dazu die Butter mit dem Zucker cremig aufschlagen und den Golden Syrup einrühren. Die trockenen Zutaten darübersieben und das Ganze mit einem Teigschaber oder einem Kochlöffel zu einem glatten Teig verrühren. Den Teig zu einer Scheibe flach drücken, in Frischhaltefolie verpacken und etwa 1 Stunde im Kühlschrank ruhen lassen.

Den Backofen auf 180 °C (Umluft 160 °C) vorheizen und ein Backblech mit Backpapier auslegen. Die Arbeitsfläche leicht mit Mehl bestäuben, den Teig 2–3 mm dick ausrollen. Die Kekse ausstechen und auf das vorbereitete Blech legen. Die Teigreste nochmals ausrollen und weitere Kekse daraus ausstechen. Den Ingwer in feine Scheiben schneiden und die Kekse damit belegen.

Die Kekse 9–10 Minuten auf der mittleren Einschubleiste backen, bis sie knusprig sind. Kurz auf dem Blech abkühlen lassen und danach auf einem Kuchengitter vollständig auskühlen lassen.

Stachelbeer-Baiser-Törtchen

Der nussige Tarteboden ist ideal für ungeübte Bäcker. Denn er erfordert weder großes Geschick noch viel Erfahrung – Sie brauchen noch nicht einmal ein Nudelholz. Der Stachelbeer-Aufstrich eignet sich auch hervorragend für einen Biskuitkuchen oder eine Biskuitroulade.

Ergibt 8–12 Stück

Für den Teig

100 g blanchierte Haselnusskerne, geröstet

125 g kalte Butter, in Würfel geschnitten

175 g Mehl (Type 405)

40 g Puderzucker

1 Prise Salz

1 großes Eigelb (das Eiweiß für das Baiser aufheben)

Für den Stachelbeer-Aufstrich

500 g Stachelbeeren, gewaschen

125 g Zucker

50 g Butter, in Würfel geschnitten

2 große Eier

1 großes Eigelb (das Eiweiß für das Baiser aufheben)

Für das Baiser

2 große Eiweiß

1 Prise Salz

100 g Zucker

Benötigte Utensilien

8–12 Torteletteförmchen

ein feinmaschiges Nylonsieb

ein großer Spritzbeutel mit großer Sterntülle

Für den Teig die Haselnüsse in der Küchenmaschine fein hacken. Butter, Mehl, Puderzucker und Salz dazugeben und die Zutaten zu einem feinkrümeligen Teig verrühren. Das Eigelb kurz unterrühren und den Teig auf der Arbeitsfläche – ohne ihn zu kneten – zu einer Kugel formen. In Frischhaltefolie verpacken und 30 Minuten im Kühlschrank ruhen lassen.

Ein walnussgroßes Stück Teig abnehmen und eine Torteletteform gleichmäßig damit auskleiden. Mit dem restlichen Teig ebenso verfahren. Die Böden mehrfach mit einer Gabel einstechen und nochmals 20 Minuten kalt stellen. Inzwischen den Backofen auf 180 °C (Umluft 160 °C) vorheizen.

Die Förmchen auf ein Backblech stellen und 12–15 Minuten auf der mittleren Schiene backen, bis die Böden goldgelb und knusprig sind. Die Böden in den Formen abkühlen lassen und die Backofentemperatur auf 170 °C (Umluft 150 °C) reduzieren.

Während die Böden backen, den Aufstrich herstellen. Dazu die Stachelbeeren mit 2 Esslöffeln kaltem Wasser in einen Topf geben und zugedeckt etwa 15 Minuten bei geringer bis mittlerer Hitze kochen, bis sie sehr weich sind. Die Beeren durch das Nylonsieb in einen sauberen Topf streichen und das Püree bei geringer Hitze zur Konsistenz einer weichen Marmelade einkochen lassen. Zucker und Butter dazugeben und unter Rühren schmelzen lassen. Die Eier kräftig mit dem Eigelb verrühren und unter das Fruchtpüree rühren. Anschließend die Mischung so lange erhitzen (aber nicht kochen lassen), bis sie an einem Löffelrücken haften bleibt. Den Aufstrich gegebenenfalls noch einmal mit Zucker abschmecken, in einen sauberen Topf passieren, mit Frischhaltefolie abdecken (die Folie direkt auf die Oberfläche legen, damit sich keine Haut bildet) und abkühlen lassen. Anschließend die Böden 2 mm hoch damit bestreichen.

Für das Baiser die Eiweiße in einer großen, absolut sauberen Rührschüssel mit dem Salz steif schlagen. Den Zucker esslöffelweise unterrühren, bis eine sehr steife, glänzende Baisermasse entstanden ist.

Die Masse in den Spritzbeutel füllen, die Törtchen großzügig damit verzieren und nochmals für 10 Minuten in den Backofen schieben, bis das Baiser an den Rändern leicht gebräunt ist. Die Törtchen zimmerwarm servieren.

Rhabarbertarte mit Mandeln

Was ich an dieser Tarte so besonders mag, ist der Kontrast von süßer Vanille, säuerlichem Rhabarber, nussiger Frangipanecreme und zartem, buttrigem Blätterteig. Das Beste daran: Sie ist im Handumdrehen fertig, und der anfallende Abwasch hält sich in Grenzen. Den Rhabarber legt man vor dem Backen in heißes Zuckerwasser, damit er weicher wird. Sollten Sie kein Fan von Rosenwasser sein, können Sie es getrost weglassen. Und ganz wichtig: Servieren Sie dazu unbedingt reichlich gekühlte Crème fraîche, Schlagsahne oder Vanilleeis.

Für 6 Personen

400 g Rhabarber (besonders schlanke Stiele)

200 g Zucker

1–2 TL Rosenwasser

½ Vanilleschote, der Länge nach aufgeschlitzt und das Mark herausgekratzt, oder 1 TL Vanillepaste

Mehl zum Bestäuben

375 g Blätterteig

2 EL Milch

1 mittelgrosses Eigelb, verquirlt

1 gehäufter EL Mandelblättchen

Für die Frangipanecreme

75 g gemahlene Mandeln

50 g weiche Butter

50 g Zucker

1 mittelgrosses Ei

1 TL Vanilleextrakt

1 TL abgeriebene Zitronenschale

1 Prise Salz

Den Rhabarber unter fließendem kalten Wasser waschen, die Enden abschneiden und die Stiele in etwa 5 cm lange Stücke schneiden. In einem Topf den Zucker mit dem Rosenwasser, dem Vanilleextrakt und 200 ml kaltem Wasser langsam zum Kochen bringen, bis er sich aufgelöst hat. Den Topf dann vom Herd nehmen, den Rhabarber hineingeben und den Deckel auflegen.

Die Arbeitsfläche leicht mit Mehl bestäuben und den Blätterteig zu einem 2–3 mm dicken und etwa 35 × 25 cm großen Oval ausrollen. Die Ränder mit einem langen Messer begradigen und den Teig vorsichtig auf ein mit Backpapier ausgelegtes Backblech legen. Den Rand mit der Milch bepinseln und etwas hochziehen. Den Teig anschließend 20 Minuten im Kühlschrank ruhen lassen.

Inzwischen den Backofen auf 200 °C (Umluft 180 °C) vorheizen und die Frangipanezutaten in einer Rührschüssel zu einer glatten Creme verrühren.

Den Teig mit der Creme bestreichen und dabei am Rand 1–2 cm frei lassen, denn die Creme verläuft beim Backen noch etwas. Den erkalteten Rhabarber abtropfen lassen und auf der Creme verteilen. Den Teigrand mit dem verquirlten Eigelb bepinseln und die Tarte mit den Mandelblättchen bestreuen. Die Tarte 10 Minuten auf der mittleren Einschubleiste backen, die Temperatur danach auf 180 °C (Umluft 160 °C) reduzieren und die Tarte weitere 20–25 Minuten backen, bis die Creme etwas Farbe angenommen hat, der Teig knusprig und der Rhabarber weich ist. Die Tarte etwas abkühlen lassen und warm, mit etwas Puderzucker bestäubt, servieren.

Rhabarber-Himbeer-Sirup

Selbst gemachte Sirupe sind viel besser als fertig gekaufte, die nicht selten jede Menge Farb- und Konservierungsstoffe enthalten und oft nur sehr entfernt nach den Früchten schmecken, aus denen sie hergestellt sein sollen. Und sie sind eine ideale Möglichkeit, die Überfülle an Früchten, die in guten Jahren anfällt, zu verwerten. Da sie nicht allzu lange haltbar sind, friert man die unverdünnten Sirupe am besten in Eiswürfelbehältern ein und verdünnt sie bei Bedarf einfach mit Mineralwasser. Bei diesem Rezept handelt es sich um ein einfaches Grundrezept, das Sie noch nach Belieben verfeinern können, zum Beispiel indem Sie frischen Ingwer, frische oder getrocknete (ungespritzte!) Rosenblüten, eine Vanilleschote, Erdbeeren oder auch frische Minze oder Basilikum mit den Früchten mitkochen.

Ergibt etwa 750 ml

1 kg rosa oder roter Rhabarber, gewaschen, geputzt und in etwa 3–4 cm lange Stücke geschnitten

200 g Himbeeren

250 g Zucker

Saft von ½ Zitrone

Mineralwasser oder Limonade zum Verdünnen

Eis zum Servieren

Benötigte Utensilien

ein Geleesack oder ein grosses Stück Gaze

ein Schraubglas oder eine Flasche mit 740 ml Fassungsvermögen

Den Rhabarber mit den Himbeeren und 500 ml kaltem Wasser in einen großen Topf geben, zum Köcheln bringen und bei halb geöffnetem Deckel etwa 25 Minuten köcheln lassen, bis die Früchte sehr weich sind und viel Saft abgegeben haben. Das Ganze anschließend 2 Stunden abkühlen lassen (der Saft wird in dieser Zeit eine noch intensivere rosa Farbe annehmen).

Den Geleesack oder ein feines, mit Gaze ausgelegtes Sieb über einem sauberen Topf einhängen, den Topfinhalt hineingießen und mindestens 1 Stunde abtropfen lassen. Das Fruchtfleisch dabei keinesfalls ausdrücken, sonst erhalten Sie ein Püree anstelle eines klaren, rosafarbenen Saftes.

Den Zucker und die Hälfte des Zitronensafts hinzufügen, den Saft langsam aufkochen und 5 Minuten köcheln lassen. Den Topf vom Herd nehmen und den Sirup gegebenenfalls noch mit einem Spritzer Zitronensaft abschmecken. In ein sterilisiertes Glas (siehe Seite 132) oder eine Flasche füllen und in den Kühlschrank stellen.

Mit Mineralwasser oder Limonade verdünnt auf Eis oder als prickelnden Gin-Fizz-Cocktail (siehe unten) servieren.

Rhabarber-Gin-Fizz

Für 1 Person

2 Teile Gin

3 Teile Rhabarber-Himbeer-Sirup

1 Spritzer Zitronensaft

1 TL leicht verquirltes Eiweiss

Eiswürfel und Tonicwasser zum Servieren

Himbeeren zum Dekorieren

Den Gin mit dem Sirup, dem Zitronensaft und dem Eiweiß in einen Cocktailshaker füllen. Das Ganze gut durchschütteln.

Ein Longdrinkglas zur Hälfte mit Eiswürfeln und Tonicwasser füllen, die Mischung darübergießen. Mit Himbeeren und eventuell einem Minzezweig dekorieren und – genießen.

Erdbeer-Rhabarber-Kompott mit Baisers

Erdbeeren und Rhabarber sind einfach ein unschlagbares Team – und das nicht nur farblich. Bildet die Süße der einen Frucht doch einen angenehmen Kontrast zur säuerlichen Note der anderen. Die Baisers sind außen herrlich knusprig und innen noch ein kleines bisschen weich. Und der braune Zucker verleiht ihnen eine toffeeartige Note.

Für 8 Personen

Für die Baisers

150 g Zucker

150 g Eiweiss (3–4 grosse Eiweisse)

1 Prise Salz

1 TL Vanillepaste

100 g heller Muscovado-Zucker

50 g blanchierte Haselnusskerne, grob gehackt

Für das Kompott

4 EL Zucker

3 Streifen unbehandelte Orangenschale

½ Vanilleschote, der Länge nach aufgeschlitzt

500 g Rhabarber (besonders schlanke Stiele), gewaschen, geputzt und in 3–4 cm lange Stücke geschnitten

500 g Erdbeeren, entstielt und halbiert oder geviertelt

300 ml Sahne

Für die Baisers den Backofen auf 190 °C (Umluft 170 °C) vorheizen. Den Zucker in einem Bräter 5 Minuten auf der mittleren Einschubleiste erhitzen. Inzwischen die Eiweiße mit dem Salz in eine absolut saubere Rührschüssel geben. Sobald der Zucker heiß ist, den Ofen auf 110 °C (Umluft 90 °C) herunterschalten und die Eiweiße schlagen, bis sie fast steif sind.

Den Zucker auf einmal dazugeben, die Vanillepaste hinzufügen und das Ganze 3 Minuten auf höchster Stufe schlagen, bis sich der Zucker aufgelöst hat und eine steife, glänzende Baisermasse entstanden ist. Anschließend esslöffelweise den Muscovado-Zucker unterschlagen. Die Masse sollte danach abgekühlt sein, einen seidigen Glanz haben, und der Zucker sollte sich vollständig aufgelöst haben.

Mit einem großen Löffel acht Häufchen von der Masse abstechen und auf ein mit Backpapier ausgelegtes Backblech setzen. Die Baisers mit den Haselnüssen bestreuen und 1 ¾ Stunden auf der mittleren Schiene des Ofens trocknen lassen. Den Ofen danach ausschalten und die Baiser 45 Minuten im Ofen abkühlen lassen.

Für das Kompott den Zucker mit der Orangenschale, der Vanilleschote und 125 ml Wasser bei geringer Hitze zum Kochen bringen. Sobald sich der Zucker aufgelöst hat, den Rhabarber in den Topf geben und zugedeckt 2–3 Minuten köcheln lassen. Er sollte danach weich sein, aber nicht zerfallen. Ist er noch zu fest, etwa 1 weitere Minute kochen lassen. Den Topf anschließend vom Herd nehmen, die Erdbeeren vorsichtig untermischen und das Kompott abkühlen lassen.

Die Sahne schlagen, bis sie weiche Spitzen bildet (ich nehme dazu den Schneebesen und nicht den Handmixer, denn damit wird die Sahne oft zu steif). Je 1 Baiser auf jeden Teller legen, mit 1 großen Klecks Sahne und 1 großen Löffel Kompott garnieren und dann sofort servieren.

Eiscreme mit gerösteten Erdbeeren

Auch auf die Gefahr hin, dass ich mich wiederhole: Das Gelingen eines Obstrezepts hängt wesentlich davon ab, dass die Früchte wirklich reif sind und gerade Saison haben. Ganz besonders gilt dies für Erdbeeren. Die besten Erdbeeren, die ich je gegessen habe, kommen von einem kleinen Familienbetrieb aus Warwickshire, wo sie nur wenige Wochen lang im hofeigenen Laden verkauft werden. Sie sind so vorzüglich, dass es geradezu ein Frevel wäre, sie in irgendeiner Form weiterzuverarbeiten.

Erdbeeren verwende ich im Übrigen generell nicht gerne zum Kochen (außer für Konfitüre). Deshalb ist dieses Rezept (für das ich allerdings nur weniger perfekte Beeren verwende), die Ausnahme von meiner Regel. Durch das Rösten wird der Erdbeergeschmack noch intensiver.

Für 6 Personen

1 kg Erdbeeren, entstielt

175 g Zucker

1 Vanilleschote, der Länge nach aufgeschlitzt

2 Streifen unbehandelte Zitronenschale

400 ml Sahne

100 ml Vollmilch

4 mittelgroße Eigelb

Benötigte Utensilien

ein feinmaschiges Nylonsieb

eine Eismaschine

eine Gefrierdose

Den Backofen auf 180 °C (Umluft 160 °C) vorheizen. Die Erdbeeren in einer ofenfesten Keramikform oder auf einem mit Backpapier ausgelegten Backblech verteilen, mit 50 g Zucker mischen und ½ Vanilleschote und die Zitronenschale zwischen die Früchte stecken. Die Beeren etwa 40 Minuten auf der mittleren Schiene rösten, bis sie zusammengefallen sind und viel Saft abgegeben haben. Die Vanilleschote und die Zitronenschale entfernen, die Erdbeeren mit dem Saft in die Küchenmaschine geben und zu einem glatten Püree verrühren.

Die Sahne mit der Milch und der restlichen Vanilleschote bei mittlerer Hitze heiß werden lassen, bis sie fast kocht. Inzwischen mit dem Handmixer in einer Schüssel den restlichen Zucker mit den Eigelben cremig aufschlagen. Die heiße Milchmischung in einem feinen Strahl einlaufen lassen und dabei laufend rühren. Die Mischung in den Topf zurückgießen und bei geringer Hitze eindicken lassen. Dabei ständig mit einem Kochlöffel rühren und darauf achten, dass sie nicht zum Kochen kommt. Die Creme durch das Nylonsieb in eine saubere Schüssel passieren, vollständig auskühlen lassen und mindestens 2 Stunden – besser noch über Nacht – in den Kühlschrank stellen.

Zwei Drittel des Erdbeerpürees unter die Vanillecreme rühren und die Mischung in der Eismaschine gefrieren lassen. Die Eiscreme in eine Gefrierdose füllen und das restliche Erdbeerpüree kurz unterziehen (es sollte sichtbare Spuren im Eis hinterlassen). Die Dose verschließen und in das Gefriergerät stellen, bis die Eiscreme fest ist.

Schokoladenkuchen mit Himbeeren

Dies ist kein Kuchen, wie man ihn zur Teestunde servieren würde, sondern eher ein Dessert. Er ähnelt fast einer gebackenen Mousse, die beim Abkühlen Risse bekommt und zusammenfällt. Genau das ist aber auch das Besondere daran. Die Schönheit im Unvollkommenen, sozusagen. Bestäuben Sie den Kuchen vor dem Servieren großzügig mit Puderzucker, reichen Sie dazu Himbeeren und eisgekühlte Sahne.

Für 8–10 Personen

250 g Zartbitterschokolade (70 % Kakaoanteil), in Stücke gebrochen

250 g Butter, in Stücke geschnitten, plus Butter für die Form

6 grosse Eier, getrennt

1 TL Vanilleextrakt

175 g Zucker

75 g Demerara-Zucker

1 Prise Salz

75 g gemahlene Mandeln

50 g Mehl (Type 405) plus Mehl zum Ausstäuben

150 g Himbeeren plus einige Beeren zum Dekorieren

Puderzucker zum Bestäuben

Benötigte Utensilien

eine Springform (Ø 23 cm)

Den Backofen auf 170 °C (Umluft 150 °C) vorheizen. Den Boden der Springform mit Butter einfetten und mit gefettetem Backpapier auslegen. Die Form leicht mit Mehl ausstäuben und das überschüssige Mehl ausschütten.

Die Schokolade in einer hitzebeständigen Schüssel mit der Butter schmelzen (in der Mikrowelle oder auf dem Herd über einem Topf mit siedendem Wasser). Anschließend glatt rühren und abkühlen lassen.

Die Eigelbe mit dem Vanilleextrakt und den beiden Zuckern cremig aufschlagen (die Rührbesen sollten beim Herausnehmen eine Spur hinterlassen).

In einer zweiten Schüssel die Eiweiße mit dem Salz steif schlagen. Die Schokolade mit einem großen Metalllöffel unter die Eigelbmischung ziehen. Die Mandeln mit dem Mehl in eine Schüssel sieben und mit den Himbeeren unter die Eigelbmischung heben. Ein Drittel des Eischnees vorsichtig unterziehen und danach den Rest unterrühren. Dabei darauf achten, dass Sie die Luft nicht herausschlagen.

Den Teig in die Form füllen und 25–30 Minuten auf der mittleren Einschubleiste backen, bis der Kuchen am Rand und in der Mitte Risse bekommt. Nun den Kuchen herausnehmen und in der Form auf einem Kuchengitter auskühlen lassen (er wird während des Abkühlens zusammenfallen).

Zuletzt den Kuchen mit einer Palette am Rand der Form vorsichtig ablösen, aus der Form nehmen, auf eine Servierplatte geben und mit Himbeeren und Puderzucker bestreuen.

Eingelegte Rote Johannisbeeren

Servieren Sie diese köstlichen eingelegten Johannisbeeren zu herzhaften Pasteten und Aufschnitt.

ERGIBT 2 GLÄSER

350 ML WEISSWEINESSIG
4 EL ZUCKER
3 PIMENTKÖRNER
2 GEWÜRZNELKEN
1 LORBEERBLATT
300 G ROTE JOHANNISBEEREN

Benötigte Utensilien

2 SCHRAUBGLÄSER À 450 G FASSUNGSVERMÖGEN

In einer kleinen Edelstahlkasserolle den Essig mit dem Zucker, dem Piment und den Gewürznelken zum Kochen bringen. Das Lorbeerblatt hinzufügen und das Ganze 5 Minuten köcheln lassen. Den Topf danach vom Herd nehmen und den Essig abkühlen lassen.

Inzwischen die Johannisbeeren unter fließendem kaltem Wasser waschen und auf einem sauberen Geschirrtuch oder auf Küchenpapier abtropfen lassen.

Die Beeren auf zwei sterilisierte Gläser (siehe Seite 132) verteilen und den erkalteten Essig darübergießen. Die Gläser verschließen und die Beeren vor dem Servieren etwa 4 Wochen an einem kühlen, lichtgeschützten Platz ziehen lassen. Kühl und dunkel gelagert, sind sie etwa 3 Monate haltbar. Angebrochene Gläser im Kühlschrank aufbewahren und innerhalb von 2, 3 Tagen verzehren.

Mandelbiskuitroulade mit Johannisbeer-Himbeer-Sahne-Füllung

Es gibt Gelegenheiten, da möchte ich mit meinem Dessert besonders glänzen – so eine Biskuitroulade ist dann genau das Richtige. Gemahlene Mandeln und Mandelblättchen verleihen dem Biskuit einen feinen Geschmack und machen ihn herrlich locker. Der säuerliche Geschmack der Johannisbeeren bildet einen angenehmen Kontrast zu der gehaltvollen Cremefüllung. Vervollkommnet wird das Ganze durch knackige, glasierte Rote Johannisbeeren. Ich serviere diese Roulade als sommerliches Dessert, sie schmeckt aber auch vorzüglich zum Nachmittagstee.

Für 6–8 Personen

25 g Butter, zerlassen und leicht abgekühlt, plus zerlassene Butter für die Form

5 mittelgrosse Eier

125 g Zucker plus 3 EL zum Bestreuen

abgeriebene Schale von ½ unbehandelten Zitrone

75 g Mehl (Type 405) plus Mehl zum Ausstäuben

1 TL Backpulver

75 g gemahlene Mandeln

1 Prise Salz

50 g Mandelblättchen

Puderzucker zum Bestäuben

Für die Füllung

300 ml Sahne

150 g Himbeeren plus Himbeeren zum Dekorieren

250 g Rote Johannisbeeren

1 EL Zucker

Für die glasierten Johannisbeeren

200 g Rote Johannisbeeren in Trauben

1 mittelgrosses Eiweiss, mit 1 TL kaltem Wasser verquirlt

150 g extrafeiner Zucker

Benötigte Utensilien

ein Backblech (ca. 30 × 40 cm)

Den Backofen auf 180 °C (Umluft 160 °C) vorheizen. Das Backblech mit zerlassener Butter einfetten und mit Backpapier auskleiden. Das Backpapier ebenfalls einfetten und leicht mit Mehl bestäuben. Überschüssiges Mehl ausschütten.

Für den Teig die Eier mit dem Zucker cremig schlagen (die Eier sollten ihr Volumen nach dem Schlagen verdoppelt haben und die Rührbesen beim Herausnehmen eine Spur hinterlassen). Den Abrieb der Zitronenschale hinzufügen, die trockenen Zutaten – bis auf die Mandelblättchen – darübersieben und mit einem großen Metalllöffel vorsichtig in Achterbewegungen unterrühren. Die zerlassene Butter am Rand hineingießen und ebenfalls unterrühren.

Den Teig vorsichtig auf das Blech gießen, glatt streichen und mit den Mandelblättchen bestreuen. Den Biskuit etwa 12 Minuten auf der mittleren Schiene des Backofens backen, bis er eine goldgelbe Farbe angenommen hat und sich fest anfühlt. Inzwischen auf der Arbeitsfläche ein großes Stück Pergamentpapier mit dem restlichen Zucker bestreuen.

Den fertigen Biskuit 1 Minute auf dem Blech ruhen lassen und danach auf das Pergamentpapier stürzen. Das Blech dazu einfach an beiden Enden festhalten und den Biskuit mit einer schnellen Bewegung herauskippen. Das Backpapier vorsichtig abziehen. Den Teig von der kurzen Seite her mit dem Pergamentpapier so aufrollen, dass das Pergament innen liegt. Den Biskuit anschließend vollständig auskühlen lassen.

Für die Füllung die Johannisbeeren von den Stielen streifen und bei mittlerer Hitze mit dem Zucker kochen, bis sie aufgeplatzt sind. Die Früchte danach unter häufigem Rühren kochen lassen, bis sie zu einem Püree mit der Konsistenz einer weichen Konfitüre verkocht sind. Den Topf vom Herd nehmen und das Püree abkühlen lassen.

Für die glasierten Johannisbeeren die Trauben mithilfe eines Backpinsels mit dem mit Wasser verquirlten Eiweiß bepinseln, gleichmäßig dick mit dem Zucker bestreuen und zum Trocknen auf ein Kuchengitter legen.

Die Sahne schlagen, bis sie weiche Spitzen bildet. Den Biskuit entrollen und gleichmäßig mit dem Johannisbeerpüree bestreichen. Die Sahne mit einer Palette darauf verstreichen und dabei rundherum einen 2 cm breiten Rand frei lassen. Die Himbeeren darüberstreuen und die Früchte dabei leicht zerdrücken. Den Biskuit mithilfe des Pergamentpapiers möglichst fest aufrollen, vorsichtig auf eine Servierplatte gleiten lassen, mit Puderzucker bestäuben und mit den glasierten Johannisbeeren sowie ein paar Himbeeren dekorieren.

Pfirsich-Johannisbeer-Pie

Meine Mutter macht ein wunderbares Kompott aus Pfirsichen und Schwarzen Johannisbeeren, das sie meist mit ihren berühmten Baisers und einem Krug eiskalter flüssiger Sahne serviert. Schon deshalb werden mir die sommerlichen Mittagessen, die wir unter dem großen Sonnenschirm in ihrem farbenfrohen Garten genossen haben, für immer unvergessen bleiben. Ich habe die beiden Früchte hier einmal in einem Kuchen kombiniert. Die Schwarzen Johannisbeeren können Sie auch durch Blaubeeren ersetzen. Dann sollten Sie die Zuckermenge allerdings etwas reduzieren. Servieren Sie den Kuchen warm mit eisgekühlter Sahne oder Vanilleeis.

Für 8 Personen

Für den Teig

300 g Mehl (Type 405) plus Mehl zum Ausstäuben

1 kräftige Prise Meersalz

180 g kalte Butter, in Würfel geschnitten

40 g Zucker plus Zucker zum Bestreuen

3 EL Eiswasser

2 TL Cidre-Essig oder Zitronensaft

½ mittelgrosses Eiweiss, verquirlt

Für die Füllung

4 grosse reife Pfirsiche, gewaschen und in je 6 Spalten geschnitten

200 g Schwarze Johannisbeeren

2–3 EL Zucker

abgeriebene Schale von ½ unbehandelten Zitrone

1 gehäufter EL Maisstärke

20 g Butter

Benötigte Utensilien

eine hohe Backform (Ø 22–22 cm) oder 1 ofenfeste Pfanne

Für den Teig das Mehl in eine große Rührschüssel füllen. Die Butter und das Salz hinzufügen, die Butter mit einem Messer mit abgerundeter Klinge in das Mehl schneiden. Die Butter anschließend mit den Fingern in das Mehl hineinreiben. Die Mischung dabei aber nicht zu sehr durchkneten (es sollten noch Spuren der Butter erkennbar sein). Den Zucker ebenfalls mit dem Messer einarbeiten. Das Eiswasser mit dem Essig oder dem Zitronensaft verrühren und zwei Drittel der Mischung mit dem Messer unter das Mehl mengen und gegebenenfalls noch etwas von der Eiswassermischung hinzufügen. Den Teig zu einer Kugel formen, ohne ihn dabei zu kneten. Zu einer Scheibe flach drücken, in Frischhaltefolie verpacken und gute 2 Stunden im Kühlschrank ruhen lassen.

Ein Drittel Teig abnehmen, wieder in die Folie wickeln und in den Kühlschrank zurücklegen. Den restlichen Teig auf der leicht bemehlten Arbeitsfläche zu einer 28–30 cm großen Scheibe ausrollen. Vorsichtig um das Nudelholz wickeln und langsam in die Form gleiten lassen, sodass Boden und Wände der Form gleichmäßig damit bedeckt sind. Den Teig, ohne ihn zu dehnen, in den Ecken andrücken und überstehenden Teig mit einem scharfen Messer abschneiden. Die Reste zu einer Kugel formen und für das Gitter aufheben. Die Form 20 Minuten in den Kühlschrank stellen. Den Backofen auf 170 °C (Umluft 150 °C) vorheizen und ein Backblech auf der mittleren Schiene des Ofens einschieben.

Die Zutaten für die Füllung – bis auf die Butter – vorsichtig in einer Schüssel verrühren, ohne die Früchte zu zerdrücken. Die Mischung auf dem Teig verteilen und mit Butterflöckchen besetzen.

Den im Kühlschrank aufgehobenen Teig auf der leicht bemehlten Arbeitsfläche zu einer Scheibe ausrollen (diese sollte etwas größer sein als der Boden), in zwölf 1 cm breite Streifen schneiden und diese gitterförmig auf die Füllung legen. Überstehenden Teig abschneiden, zu einer Kugel formen und zu einem 6 cm breiten und etwa 50 cm langen Streifen ausrollen. Diesen der Länge nach in drei jeweils 1 cm breite Streifen schneiden und diese vorsichtig zu einem Zopf flechten. Den Rand der Pie mit Wasser bepinseln und den Zopf um den Rand legen. Die gesamte Teigoberfläche mit dem verquirlten Eiweiß bestreichen und mit Zucker bestreuen. Den Kuchen auf das heiße Blech stellen und 40–45 Minuten backen, bis die Füllung heiß und der Teig goldbraun und knusprig ist. Nun den Kuchen zimmerwarm servieren.

Blaubeersorbet mit Zitronenverbene und Buttermilch

In diesem etwas anderen Sorbet werden Blaubeeren mit Buttermilch kombiniert. Die Buttermilch kann nach Belieben auch durch Naturjoghurt ersetzt werden, anstelle von Blaubeeren können Sie auch Schwarze Johannisbeeren nehmen. Zitronenverbene lässt sich ganz einfach im Blumentopf selber ziehen. Die Stiele und Blätter eignen sich – frisch oder getrocknet – zum Aromatisieren von Sirupen, Kompotten und Salaten. Man kann daraus aber auch einen wunderbar erfrischenden Kräutertee herstellen.

Für 4–6 Personen

125 g Zucker

2 Streifen unbehandelte Zitronenschale

1 Stängel Zitronenverbene

400 g Blaubeeren

etwas Zitronensaft zum Abschmecken (nach Belieben)

400 ml Buttermilch

Benötigte Utensilien

ein feinmaschiges Nylonsieb

eine Eismaschine

eine Gefrierdose

Den Zucker in einem mittelgroßen Topf mit der Zitronenschale, der Zitronenverbene und 75 ml Wasser langsam zum Kochen bringen. Den Sirup, sobald sich der Zucker aufgelöst hat, noch 30 Sekunden köcheln und danach 1 Stunde abkühlen und durchziehen lassen.

Danach den Sirup durch ein Sieb seihen, wieder in den Topf gießen und bei mittlerer Hitze aufkochen lassen. Die Blaubeeren hineingeben und 3–4 Minuten köcheln lassen. Den Topf vom Herd nehmen, ein Drittel der Beeren herausnehmen und zur Seite stellen. Jetzt den Rest mit dem Stabmixer pürieren, das Püree durch das Nylonsieb passieren und die Früchte dabei gut ausdrücken. Das Püree noch einmal abschmecken und gegebenenfalls etwas Zucker oder Zitronensaft hinzufügen.

Die Buttermilch und die restlichen Beeren unterrühren, die Mischung mit Frischhaltefolie abdecken und 1 Stunde in den Kühlschrank stellen.

Dann die Mischung in der Eismaschine gefrieren lassen, in eine Gefrierdose füllen und im Gefriergerät fest werden lassen.

Brioche mit Blaubeer-Mandel-Füllung

Diese fruchtige Brioche eignet sich hervorragend für einen Brunch. Den Teig können Sie bereits am Vorabend herstellen und über Nacht im Kühlschrank gehen lassen. Dann müssen Sie die Brioche am nächsten Tag nur noch fertigstellen und backen. Wie die meisten gehaltvollen Hefebrote schmeckt die Brioche am besten frisch. Sollte doch einmal etwas übrig bleiben, lässt sich der Rest am nächsten Tag ohne Weiteres noch einmal aufbacken.

Für 6–8 Personen

125 ml Vollmilch + Milch zum Bestreichen
40 g zimmerwarme Butter, in Würfel geschnitten
250 g Mehl (Type 550) + Mehl zum Bestäuben
5 g Trockenhefe
25 g Zucker + 1–2 EL zum Bestreuen
1 kräftige Prise Salz
1 mittelgrosses Ei, verquirlt
Sonnenblumenöl zum Einfetten
200 g Blaubeeren
1 mittelgrosses Eiweiss

Für die Frangipanecreme

125 g gemahlene Mandeln
75 g weiche Butter
75 g Zucker
2 mittelgrosse Eier
25 g Mehl (Type 405)
abgeriebene Schale von ½ unbehandelten Zitrone
1 TL Vanilleextrakt
1 Prise Salz

Die Milch erwärmen, bis sie lauwarm ist, darin die Butter unter Rühren schmelzen lassen. Das Mehl mit einem großen Schneebesen sorgfältig mit der Hefe, dem Zucker und dem Salz mischen. Nun die Mehlmischung in die Rührschüssel der Küchenmaschine geben und in der Mitte eine Vertiefung hineindrücken. Die warme Milchmischung hineingießen, das Ei hinzufügen und die Zutaten 5 Minuten auf mittlerer Stufe mit den Knethaken zu einem glatten, elastischen Teig verrühren.

Den Teig zu einer Kugel formen, in eine große, leicht mit Öl eingefettete Rührschüssel legen, mit Frischhaltefolie abdecken und 1–1 ½ Stunden an einem warmen, vor Zugluft geschützten Platz (oder über Nacht im Kühlschrank) gehen lassen, bis er sein Volumen schließlich verdoppelt hat.

Inzwischen die Frangipanezutaten in der Küchenmaschine zu einer glatten Creme verrühren.

Den Teig jetzt 30 Sekunden auf der leicht bemehlten Arbeitsfläche durchkneten und die Luft herausschlagen. Anschließend auf einem großen Stück Backpapier zu einem 40 × 30 cm großen Rechteck ausrollen und so hinlegen, dass die schmale Seite zu Ihnen zeigt. Den Teig gedanklich von links nach rechts in drei gleiche Teile teilen und die Frangipanecreme gleichmäßig in der Mitte verteilen. Dabei oben und unten einen 2–3 cm breiten Rand frei lassen. Die Blaubeeren gleichmäßig darauf verteilen und den Teig mit einem scharfen Messer – zunächst auf der rechten Seite – in 12, vom Rand der Füllung nach außen leicht schräg verlaufende Streifen schneiden. Den Vorgang auf der linken Seite wiederholen und dabei darauf achten, dass alle Streifen gleich breit sind. Den Teig mit Milch bepinseln und die oben und unten verbliebenen Rechtecke darüberklappen. Dann den oberen linken und danach den oberen rechten Streifen über die Füllung schlagen (die Streifen sollten sich etwas überlappen) und so fortfahren, bis Sie unten angelangt sind und die Füllung komplett bedeckt ist.

Ein Backblech mit Frischhaltefolie auslegen und die Folie leicht mit Öl einfetten. Die Brioche auf das Blech gleiten und an einem warmen Platz 45–60 Minuten gehen lassen, bis der Teig sein Volumen nahezu verdoppelt hat.

Den Backofen auf 180 °C (Umluft 160 °C) vorheizen. Das Eiweiß schaumig schlagen und die Brioche damit bepinseln. Mit Zucker bestreuen und 20 Minuten auf der mittleren Schiene backen.

Die Temperatur danach auf 170 °C (Umluft 150 °C) reduzieren und die Brioche weitere 10–15 Minuten backen, bis sie goldbraun und schön aufgegangen ist. Daran anschließend die fertige Brioche auf einem Kuchengitter auskühlen lassen.

Blaubeer-Pies

Der Blätterteig für diese kleinen Pies ist selbst gemacht. Ich bin mir darüber im Klaren, dass das viele Leser ein wenig abschrecken wird und auch Sie versucht sein könnten, zum Fertigteig aus der Kühltruhe zu greifen. Aber ich kann Ihnen nur dringend empfehlen: Probieren Sie's aus – ein Fertigprodukt ist nicht im Entferntesten mit einem selbst gemachten Blätterteig zu vergleichen. Die Füllung ist ganz einfach herzustellen. Anstelle von Blaubeeren können Sie auch kleine, reife Kirschen, eine Mischung aus Äpfeln und Brombeeren oder Pfirsichen und Schwarzen Johannisbeeren nehmen.

ERGIBT 6 STÜCK

Für den Blätterteig

1 REZEPT BLÄTTERTEIG (SIEHE S. 207)

MEHL ZUM BESTÄUBEN

MILCH ZUM BESTREICHEN

Für die Füllung

400 G BLAUBEEREN

2–3 EL ZUCKER PLUS ZUCKER ZUM BESTREUEN

SAFT UND ABGERIEBENE SCHALE VON ½ UNBEHANDELTEN ZITRONE

1 TL MAISSTÄRKE

Benötigte Utensilien

6 TORTELETTEFÖRMCHEN (12 CM Ø)

Für die Füllung die Hälfte der Blaubeeren in einem kleinen Topf mit 1 Esslöffel Zucker, Zitronensaft und abgeriebener Zitronenschale etwa 3 Minuten bei geringer bis mittlerer Hitze kochen, bis sie aufplatzen und ihren Saft abgeben. Den Topf vom Herd nehmen, die restlichen Beeren mit der Maisstärke und dem restlichen Zucker einrühren und das Ganze abkühlen lassen.

Den Blätterteig auf der leicht bemehlten Arbeitsfläche in drei gleich große Stücke schneiden. Zwei der Teigstücke jeweils dritteln, zu 2 mm dicken Kreisen ausrollen und die Formen damit auskleiden. Die Beerenmischung gleichmäßig darauf verteilen.

Für die Deckel das letzte Teigstück in sechs gleich große Stücke schneiden und jeweils zu 2 mm dicken Scheiben ausrollen. Die Ränder der Böden mit etwas Milch oder Wasser bepinseln. Nun die Deckel auflegen, den überschüssigen Teig mit einem scharfen Messer abschneiden und dann den Teig am Rand gut andrücken. Die Deckel ebenfalls mit Milch bepinseln und die Pies 30 Minuten in den Kühlschrank stellen.

Jetzt den Backofen auf 180 °C (Umluft 160 °C) vorheizen und ein Backblech auf der mittleren Schiene einschieben. Die Pies nochmals mit Milch bestreichen und mit Zucker bestreuen. In der Mitte jeweils ein kleines Kreuz in den Teig ritzen, die Pies auf das heiße Backblech stellen und 30 Minuten backen, bis der Teig aufgegangen und goldgelb und die Füllung heiß ist.

Die Pies 15–20 Minuten in den Formen abkühlen lassen und dann noch warm mit Sahne oder Eiscreme servieren.

Beeren mit würzigem Rosensirup

Essbare getrocknete Rosenblüten gibt es in Gewürzfachgeschäften oder über das Internet. Und sollten Sie selbst in Ihrem eigenen Garten Rosen züchten, bekommen Sie sie sogar frei Haus. Wichtig ist nur, dass die Blüten frisch sind, frei von Ungeziefer, und dass sie nicht mit schädlichen Chemikalien behandelt wurden.

Noch besser schmeckt dieses Dessert mit selbst gemachtem Vanilleeis, Crème fraîche, griechischem Joghurt oder auch ganz einfach mit Schlagsahne.

Für 4–6 Personen

125 g Zucker

1 kleine Handvoll essbare getrocknete Rosenblütenblätter

½ TL schwarze Pfefferkörner

3 Kardamomkapseln

Saft von ½ Zitrone

400 g Erdbeeren

150 g Rote Johannisbeeren

300 g Himbeeren

5 frische Feigen, gewaschen und in feine Spalten geschnitten

Den Zucker mit 200 ml kaltem Wasser und den Rosenblüten in einen Topf geben. Die Pfefferkörner und den Kardamom im Mörser leicht zerdrücken, dann ebenfalls in den Topf geben. Anschließend den Zucker bei geringer bis mittlerer Hitze auflösen, danach den Sirup kurz aufkochen lassen. Die Wärmezufuhr verringern und den Sirup 2 Minuten lang köcheln lassen. Vom Herd nehmen, den Zitronensaft einrühren und den Sirup 2 Stunden durchziehen und abkühlen lassen. Dann abseihen.

Nun die Erdbeeren entstielen, halbieren und in eine Servierschüssel füllen. Die Johannisbeeren über der Schüssel mit einer Gabel von den Stielen streifen. Jetzt die Himbeeren und die Feigen dazugeben und den Sirup darüberseihen. Die Früchte vorsichtig durchmischen und vor dem Servieren 30–60 Minuten durchziehen lassen.

Kernloses Himbeergelee

Dieses rubinrot funkelnde Gelee mit dem intensiven Himbeeraroma ist etwas ganz Besonderes. Deshalb sollten Sie es auch nur zu besonderen Gelegenheiten servieren, zumal das Rezept nicht für große Mengen, sondern lediglich für ein paar Gläser berechnet ist. Ganz vorzüglich schmeckt es, wenn man Scones, Kuchen, Mürbeteige mit Nüssen oder Schokolade und Makronen damit bestreicht oder füllt.

Ergibt 4 Gläser à 250 g

650 g Himbeeren

400 g Gelierzucker

Saft von ½ Zitrone

Benötigte Utensilien

ein Edelstahlmarmeladentopf

ein Geleesack oder 1 grosses Stück Gaze

4 Schraubgläser à 250 g Fassungsvermögen

Sollten Sie noch keinen Geleesack besitzen, würde ich Ihnen empfehlen, sich einen anzuschaffen. Der ist zwar nicht billig, aber wenn Sie erst einmal Ihre Leidenschaft fürs Geleekochen entdeckt haben, macht sich die Investition in jedem Fall bezahlt. Ich verwende hier Gelierzucker, der bereits Pektin enthält. Sie können aber auch herkömmlichen Zucker nehmen und eine kleine Handvoll Rote Johannisbeeren zu den Himbeeren geben. Diese enthalten relativ viel Pektin, das dafür sorgt, dass das Gelee schneller fest wird.

Die Himbeeren mit 150 ml Wasser bei geringer Hitze erwärmen, bis sie zerfallen sind und viel Saft abgegeben haben. Die Früchte dabei mit einem Kochlöffel zerdrücken und darauf achten, dass sie nicht zum Kochen kommen (sonst verlieren sie ihr frisches Himbeeraroma und ihre schöne Farbe).

Den Geleesack (oder ein feinmaschiges, mit Gaze ausgelegtes Sieb) über einer Schüssel aufhängen (ich binde die Henkel des Geleesacks immer an den Griffen eines Küchenschranks fest, damit er etwas über der Schüssel hängt), den Topfinhalt hineingießen und den Saft mindestens 4 Stunden – am besten über Nacht – abtropfen lassen. Die Früchte dabei weder drücken, anstoßen noch anderweitig berühren, sonst erhalten Sie statt eines kristallklaren Gelees eine trübe Konfitüre. Sobald der Saft vollständig abgetropft ist, das im Geleesack verbliebene Fruchtfleisch mit den Kernen wegwerfen.

500 ml Himbeersaft abmessen (reicht die Menge nicht, mit Wasser auffüllen) und mit dem Zucker und dem Zitronensaft bei geringer Hitze zum Kochen bringen. Dabei ständig rühren, damit sich der Zucker auflöst. Die Mischung etwa 10 Minuten lang kochen lassen und den Schaum, der sich an der Oberfläche absetzt, mit einem Schaumlöffel abschöpfen. Nach etwa 10 Minuten zum ersten Mal prüfen, ob das Gelee fertig ist. Dazu 1 Teelöffel voll auf einen kalten Unterteller gießen und 30–60 Sekunden warten. Das Gelee ist fertig, wenn es sich bei der Berührung mit einer Fingerspitze zusammenzieht. Die Mischung anderenfalls weitere 3 Minuten kochen lassen und die Probe noch einmal wiederholen.

Den Topf vom Herd nehmen, das Gelee gegebenenfalls noch mit etwas Zitronensaft abschmecken und eventuellen Schaum abschöpfen. Mit einem Marmeladentrichter in die heißen, sterilisierten Gläser (siehe Seite 132) füllen. Die Gläser verschließen und das Gelee vollständig abkühlen lassen. Die Gläser mit Etiketten versehen und an einem kühlen, lichtgeschützten Platz lagern (bis zu 1 Jahr). Angebrochene Gläser im Kühlschrank aufbewahren (bis zu 1 Monat).

Kekse mit Pistazien und Himbeer-Passionsfrucht-Füllung

In meiner Kindheit gab es eine Keksmarke, die ich ganz besonders gerne aß. Die Kekse waren mit Buttercreme und Marmelade gefüllt sowie oben mit einem Smiley verziert. Davon habe ich mich zu dieser ein wenig raffinierteren Variante inspirieren lassen, für die sich das kernlose Himbeergelee von Seite 96 sehr gut eignet.

ERGIBT 20 STÜCK

Für die Kekse

50 G UNGESALZENE PISTAZIENKERNE
175 G WEICHE BUTTER
75 G PUDERZUCKER
200 G MEHL (TYPE 405)
½ TL BACKPULVER
50 G MAISSTÄRKE
1 PRISE SALZ
2 EL DURCHPASSIERTER PASSIONSFRUCHTSAFT ODER MILCH

Für die Füllung

75 G WEISSE SCHOKOLADE, GEHACKT
75 G WEICHE BUTTER
150 G PUDERZUCKER
2 PASSIONSFRÜCHTE, ESSBARE SAMEN UND PULPE AUS DEN HALBIERTEN FRÜCHTEN HERAUSGELÖST
20 TL KERNLOSES HIMBEERGELEE (SIEHE SEITE 96)

Den Backofen auf 170 °C (Umluft 150 °C) vorheizen und zwei Backbleche mit Backpapier auslegen.

Für den Keksteig die Pistazienkerne – am besten in der Küchenmaschine – sehr fein hacken. Die Butter etwa 4 Minuten mit dem Puderzucker cremig aufschlagen. Die trockenen Zutaten darübersieben, die Pistazien und den Passionsfruchtsaft oder die Milch dazugeben und alles zu einem glatten Teig verrühren.

Kirschgroße Portionen vom Teig abstechen, zu Kugeln rollen und auf die Backbleche legen. Sie benötigen 40 Kugeln. Die Zinken einer Gabel in kaltes Wasser tauchen und die Bällchen damit flach drücken (das Befeuchten verhindert, dass der Teig an der Gabel kleben bleibt). Die Kekse etwa 12 Minuten auf der mittleren Einschubleiste goldgelb backen und die Bleche nach der Hälfte der Backzeit umsetzen, damit die Kekse gleichmäßig gebräunt werden. Das Gebäck anschließend auf den Blechen abkühlen lassen.

Für die Füllung die Schokolade in der Mikrowelle oder in einer Schüssel über einem Topf mit siedendem Wasser schmelzen, glatt rühren und etwas abkühlen lassen.

Die Butter mit dem Puderzucker cremig aufschlagen und mit den essbaren Samen und der Pulpe der Passionsfrüchte sowie der geschmolzenen Schokolade zu einer glatten Creme verrühren.

Die eine Hälfte der Kekse mit je 1 Teelöffel Creme, die andere Hälfte mit Himbeergelee bestreichen. Die Kekse aufeinandersetzen und – mit einem Lächeln servieren!

Himbeertartes

Diese raffinierten, mit einer Himbeercreme gefüllten und mit Himbeergelee überglänzten Törtchen sind genau das Richtige für eine gepflegte Teestunde. Wenn Sie sich nicht die Mühe machen wollen, das Gelee zu kochen, können Sie auch eine gute Himbeerkonfitüre verwenden.

Ergibt 12 Stück

Für den Teig

200 g Mehl (Type 405) plus Mehl zum Bestäuben

40 g Puderzucker plus Puderzucker zum Bestäuben

1 Prise Salz

125 g kalte Butter, in Würfel geschnitten

1 mittelgrosses Eigelb

2 EL Eiswasser

2 TL Zitronensaft

Für die Füllung

350 g Himbeeren plus ein paar weitere zum Servieren

100–125 g Zucker plus 2 EL

etwas Zitronensaft

1 mittelgrosses Ei

3 mittelgrosse Eigelb

125 ml Sahne oder Crème fraîche

Zum Servieren

6 EL kernloses Himbeergelee (siehe Seite 96)

Crème fraîche

essbare Blüten

Puderzucker

Benötigte Utensilien

ein feinmaschiges Nylonsieb

12 Torteletteförmchen

ein runder Plätzchenausstecher (12 cm Ø)

Das Mehl mit dem Puderzucker und dem Salz kurz in der Küchenmaschine mischen. Die Butter kurz untermischen, die Mischung in eine Rührschüssel füllen und in der Mitte eine Vertiefung hineindrücken. Das Eigelb, das Eiswasser und den Zitronensaft hineingießen und die Zutaten mit einem Messer mit abgerundeter Klinge zu einem homogenen Teig verarbeiten. Den Teig leicht durchkneten (aber nicht zu sehr durcharbeiten, sonst wird das Gebäck hart) und zu einer Kugel formen. Zu einer Scheibe flach drücken, in Frischhaltefolie verpacken und 2 Stunden im Kühlschrank ruhen lassen.

Für die Füllung die Himbeeren mit 2 Esslöffeln Zucker und einem Schuss Wasser etwa 6 Minuten bei geringer Hitze kochen, bis sie zu einem Püree zerfallen sind und das Püree einzudicken beginnt. Durch das Nylonsieb in eine Schüssel passieren, den restlichen Zucker mit etwas Zitronensaft unterrühren und das Püree 10 Minuten abkühlen lassen. Das Ei kräftig mit den Eigelben verrühren und mit der Sahne oder Crème fraîche unter das Püree ziehen. Die Creme durch das Sieb passieren und zur Seite stellen.

Den Teig auf der leicht bemehlten Arbeitsfläche 2 mm dick ausrollen. Mit dem Ausstecher zwölf Kreise ausstechen und die Förmchen damit auskleiden. Die Böden mehrfach mit einer Gabel einstechen und 15 Minuten in den Kühlschrank stellen. Inzwischen den Backofen auf 170 °C (Umluft 150 °C) vorheizen. Die Tarteböden mit Alufolie abdecken, mit Backbohnen oder ungekochtem Reis beschweren, auf ein Backblech stellen und 10–12 Minuten auf der mittleren Schiene blindbacken. Die Folie und die Backbohnen entfernen, die Creme auf den Böden verstreichen und die Tartes weitere 10–12 Minuten backen, bis die Füllung gestockt ist. Die Tartes vollständig auskühlen lassen und danach in den Kühlschrank stellen.

Das Himbeergelee in einem kleinen Topf erwärmen und die Tartes damit bepinseln. Jede Tarte mit 1 Klecks Crème fraîche, Himbeeren und essbaren Blüten verzieren und mit Puderzucker bestäuben.

Tiramisu-Torte mit Sommerbeeren

Etwas für besondere Gelegenheiten und eine große Gästeschar ist diese imposante Torte, die zwar ein wenig Zeit erfordert, aber ganz einfach herzustellen ist. Die Füllung ist eine abgewandelte Zabaglione, die – wenn Sie den Mascarpone und die weiße Schokolade weglassen – auch vorzüglich warm zu mazerierten Beeren oder Pfirsichspalten schmeckt. Sollten Ihnen sechs Schichten zu viel sein, können Sie sich ohne Weiteres auch auf drei beschränken und die Füllung, die übrig bleibt, getrennt dazu reichen.

Für 8–10 Personen

Für den Teig

50 g Butter, zerlassen und etwas abgekühlt, plus Butter für die Form

6 grosse Eier

150 g Zucker

1 TL Vanilleextrakt

150 g Mehl (Type 405) plus Mehl zum Bestäuben

50 g gemahlene Mandeln

1 TL Backpulver

1 Prise Salz

Für die Mascarponecreme

4 grosse Eigelb

50 g Zucker

2 EL Marsala

1 Prise Salz

abgeriebene Schale von 1 unbehandelten Zitrone

500 g Mascarpone, glatt geschlagen

100 g weisse Schokolade, gehackt und geschmolzen

Für die mazerierten Beeren

750 g gemischte Beeren plus gemischte Beeren zum Servieren

1 EL Zitronensaft

1 EL Zucker

½ TL Vanilleextrakt

3 EL Marsala

Puderzucker zum Bestäuben

Benötigte Utensilien

3 Rundformen (20 cm Ø)

Den Backofen auf 180 °C (Umluft 160 °C) vorheizen. Die Kuchenformen mit Butter einfetten und die Böden mit gefettetem Backpapier auslegen. Die Formen leicht mit Mehl ausstäuben und überschüssiges Mehl herausklopfen.

Eier, Zucker und Vanille auf mittlerer bis hoher Stufe aufschlagen, bis die Eier ihr Volumen verdoppelt haben und die Rührbesen beim Herausnehmen eine Spur hinterlassen. Die trockenen Zutaten darübersieben und vorsichtig mit einem großen Metalllöffel unterziehen. Die zerlassene Butter am Rand hineingießen und ebenfalls vorsichtig unterrühren.

Den Teig gleichmäßig auf die Formen verteilen, glatt streichen und 18–20 Minuten auf der mittleren Schiene backen, bis er goldgelb und schön aufgegangen ist. Um die Garprobe zu machen, in der Mitte mit einem Holzstäbchen hineinstechen (der Kuchen ist fertig, wenn das Stäbchen sauber bleibt). Einige Minuten in den Formen abkühlen lassen, vorsichtig herausnehmen und auf einem Kuchengitter auskühlen lassen.

Für die Mascarponecreme die Eigelbe mit Zucker, Marsala und Salz in eine Glas- oder Keramikschüssel geben, auf einen Topf mit siedendem Wasser stellen und 5 Minuten schlagen, bis sich die Mischung heiß anfühlt, ihr Volumen verdreifacht hat und die Konsistenz einer nicht zu steif geschlagenen Sahne hat. Den Schüsselboden in kaltes Wasser tauchen, um die Creme abzukühlen, die Zitronenschale hinzufügen und die Creme schlagen, bis sie kalt ist. Zum Schluss den Mascarpone und die Schokolade unterziehen.

Die Beeren mit Zitronensaft, Zucker und Vanille in eine Schüssel geben, alles gut durchmischen und die Beeren 10 Minuten ziehen lassen.

Die Biskuitböden mit einem Brotmesser waagrecht halbieren. Die schönste Scheibe zur Seite legen, den Rest auf die Arbeitsfläche legen, mit Marsala beträufeln und die Creme – bis fast zum Rand – darauf verstreichen. Die erste Scheibe auf eine Servierplatte legen und ein Fünftel der Beeren darauf verteilen. Mit den übrigen Biskuitscheiben und Beeren ebenso verfahren. Zum Schluss die schönste Biskuitscheibe auflegen und das Ganze vorsichtig andrücken. Lose mit Frischhaltefolie abdecken und 1 Stunde in den Kühlschrank stellen. Die Torte vor dem Servieren mit Beeren dekorieren und dann zum Abschluss mit Puderzucker bestäuben.

Trifles mit Sommerbeeren

Diese Trifles enthalten alle klassischen Elemente dieser traditionellen englischen Süßspeise – nur in einer etwas freieren Form miteinander kombiniert. Alle Bestandteile können auch für sich im Voraus hergestellt werden.

Für 6 Personen

Für das Gelee

250 g Erdbeeren, entstielt und in Scheiben geschnitten

200 g Himbeeren

etwa 2 EL Zucker

etwas Zitronensaft

2 Blatt Gelatine

Für den Kuchen

3 mittelgrosse Eier

100 g Zucker

1 TL abgeriebene Zitronenschale

50 g Mehl (Type 405) plus Mehl zum Ausstäuben

50 g gemahlene Mandeln

1 TL Backpulver

1 Prise Salz

40 g Butter, zerlassen und etwas abgekühlt, plus Butter für die Form

8 TL kernloses Himbeergelee (siehe Seite 96) oder Himbeerkonfitüre

Für die Vanillecreme

200 ml Vollmilch

75 g Zucker

3 grosse Eigelb

1 gestrichener TL Maisstärke

1 TL Vanillepaste

200 ML Sahne, nicht zu steif geschlagen

Für die Beeren

75 g Zucker

1 EL getrocknete essbare Rosenblüten oder 1 TL Rosenwasser

Zitronensaft

200 g Himbeeren

100 g Blaubeeren

200 g Erdbeeren, entstielt und geviertelt

Benötigte Utensilien

eine Gefrierdose (14 × 20 cm), mit Frischhaltefolie ausgekleidet

ein Backblech mit hohem Rand (ca. 30 × 40 cm)

ein runder Plätzchenausstecher (4–5 cm Ø)

Für das Gelee die Beeren mit dem Zucker, dem Zitronensaft und 4 Esslöffeln kaltem Wasser bei geringer Hitze aufschlagen, bis sich der Zucker aufgelöst hat. Die Früchte 10 Minuten köcheln lassen, bis sie vollständig zerfallen sind und ihren Saft abgegeben haben. Ein feinmaschiges Nylonsieb über einer Schüssel einhängen, die Beeren hineingießen und den Saft abtropfen lassen, ohne die Früchte zu pressen (das kann bis zu 4 Stunden dauern). Den Saft abmessen – Sie sollten etwa 250 ml erhalten – und mit Wasser auf 300 ml auffüllen. Den Saft abschmecken und eventuell noch etwas nachsüßen.

Die Gelatine 10 Minuten in kaltem Wasser einweichen. In einem kleinen Topf die Hälfte des Saftes erhitzen, bis er fast kocht. Den Topf vom Herd nehmen und die gut ausgedrückte Gelatine in die heiße Flüssigkeit einrühren. Den restlichen Saft unterrühren, die Mischung in die Gefrierdose füllen und abkühlen lassen. Die Dose anschließend verschließen und das Gelee mindestens 2 Stunden im Kühlschrank fest werden lassen.

Inzwischen den Backofen auf 180 °C (Umluft 160 °C) vorheizen und das Backblech mit gefettetem Backpapier auskleiden. Die Form leicht mit Mehl ausstäuben und das überschüssige Mehl herausklopfen. Nun die Eier mit dem Zucker aufschlagen, bis sie cremig sind und ihr Volumen verdoppelt haben. Die Zitronenschale unterrühren, die trockenen Zutaten darübersieben und mit einem großen Metalllöffel unterziehen. Die zerlassene Butter am Rand hineingießen und ebenfalls vorsichtig unterrühren. Den Teig in die Form füllen, glatt streichen und auf der mittleren Schiene des Backofens 9–10 Minuten backen, bis der Kuchen eine goldgelbe Farbe angenommen hat und sich fest anfühlt. Den Kuchen anschließend in der Form abkühlen lassen. Danach mit dem Ausstecher 24 Kreise aus dem Kuchen ausstechen. Die Hälfte mit

dem Himbeergelee bestreichen und die unbestrichenen Kreise daraufsetzen.

Für die Vanillecreme die Milch zum Kochen bringen. In einer Schüssel den Zucker mit den Eigelben, der Maisstärke und der Vanillepaste mischen. Die heiße Milch darübergießen und dabei ständig rühren, bis eine dicke Creme entstanden ist. Jetzt die Creme durch ein feines Sieb in eine saubere Schüssel passieren, mit Frischhaltefolie abdecken (die Folie direkt auf die Creme legen, damit sich keine Haut bildet) und abkühlen lassen. Die erkaltete Creme mindestens 2 Stunden in den Kühlschrank stellen und zum Schluss die Sahne unterziehen.

Für die Beeren den Zucker mit den Rosenblüten, 1 kräftigen Spritzer Zitronensaft und 75 ml Wasser zum Kochen bringen. Sobald sich der Zucker aufgelöst hat, den Topf vom Herd nehmen und die Mischung 1 Stunde ziehen lassen. Anschließend in einen sauberen Topf passieren, noch einmal aufkochen lassen, die Beeren hineingeben und 1 Stunde ziehen lassen.

Zum Servieren das Gelee in Würfel schneiden. 2 Esslöffel Vanillecreme in jede Dessertschale füllen, die Geleewürfel darüberstreuen und je zwei Kuchen daneben anrichten. Jeweils 1 Löffel Beerenkompott mit Sirup darüber verteilen und sofort servieren.

Pistazien-Kokos-Kuchen mit Limettensirup

Dies ist einer meiner absoluten Lieblingskuchen. Und das will etwas heißen. Bin ich doch eigentlich ein Fan von Schokoladenkuchen. Ob Sie ihn frisch servieren oder bereits am Vortag backen – dieser mit Sirup getränkte Kuchen ist einfach immer unwiderstehlich und schmeckt nicht nur zum Nachmittagstee, sondern – mit Beeren und eisgekühlter Crème fraîche serviert – auch als Dessert.

Sollten Sie das Glück haben, irgendwo eine Flasche Pistazienöl zu ergattern, wäre es für dieses Rezept geradezu ideal. Das ist zwar nicht ganz billig, aber mit seinem herrlichen Nussaroma eignet sich das Pistazienöl auch wunderbar für das auf Seite 147 beschriebenene Pistazienpesto. Außerdem würde ich Ihnen empfehlen, für diesen Kuchen grüne Pistazienkerne zu nehmen.

Für 8–10 Personen

Für den Teig

75 g weiche Butter plus Butter für die Form

75 ml Oliven- oder Pistazienöl

175 g ungesalzene Pistazienkerne

50 g ungesüsste Kokosraspel

125 g Mehl (Type 405)

2 TL Backpulver

1 Prise Salz

4 mittelgrosse Eier

225 g Zucker

abgeriebene Schale von 2 unbehandelten Limetten

3 gehäufte EL saure Sahne

Für den Sirup

frisch gepresster Saft von 3 Limetten

5 EL Agavendicksaft oder milder klarer Honig

3 EL Zucker

200 g Blaubeeren

200 g Brombeeren

Frischkäse, Crème fraîche oder griechischer Joghurt zum Servieren

Benötigte Utensilien

eine Springform (23 cm Ø)

Den Backofen auf 170 °C (Umluft 150 °C) vorheizen. Die Springform mit Butter einfetten und den Boden mit Backpapier auslegen.

In einem kleinen Topf die Butter bei geringer Hitze mit dem Öl zerlassen und danach etwas abkühlen lassen.

Die Pistazien in der Küchenmaschine sehr fein hacken und kurz (maximal 10 Sekunden) mit Kokosraspeln, Mehl, Backpulver und Salz verrühren.

Die Eier mit dem Zucker aufschlagen, bis sie cremig sind, ihr Volumen verdoppelt haben und die Rührbesen beim Herausnehmen eine Spur hinterlassen. Den Abrieb der Limettenschale und dann nacheinander die Pistazienmischung, die Butter und die saure Sahne vorsichtig mit einem großen Metalllöffel unterheben. Den Teig in die Form gießen, glatt streichen und 40–50 Minuten auf der mittleren Schiene des Backofens backen. Um die Garprobe zu machen, den Kuchen in der Mitte mit einem Holzstäbchen einstechen (er ist fertig, wenn das Stäbchen sauber bleibt).

Inzwischen für den Sirup in einem kleinen Topf den Limettensaft mit dem Agavendicksaft, dem Zucker und 200 ml Wasser zum Kochen bringen und danach um die Hälfte reduzieren.

Den Kuchen 5 Minuten in der Form abkühlen lassen. Mit einer Palette am Rand vorsichtig ablösen, mit einem Holzspieß Löcher in die Oberfläche stechen und die Hälfte des Sirups über den noch warmen Kuchen träufeln. Den Kuchen anschließend in der Form vollständig auskühlen lassen.

Die Beeren einige Minuten bei geringer Hitze im restlichen Sirup erwärmen, in eine Schüssel füllen und abkühlen lassen.

Den Kuchen aufschneiden und mit Frischkäse, Crème fraîche oder griechischem Joghurt und dem Beerenkompott servieren.

Steinobst

Wenn der Sommer voranschreitet, beschenkt er uns noch mit vielen anderen herrlichen Früchten. Zu meinen besonderen Favoriten zählen hier die Kirschen, Pfirsiche, Nektarinen, Pflaumen und Aprikosen. Sie schmecken roh ebenso gut wie gekocht, und das nicht nur in süßen, sondern auch in pikanten Gerichten. Deshalb haben Steinfrüchte – sei es in Salaten oder Aufläufen, in Getränken, Kompotten oder Konfitüren, in Eiscremes oder Sorbets – in meiner Küche einen festen Platz.

Vermutlich kennen Sie das auch: Wenn Sie die vollreifen, dunkelrot glänzenden Kirschen auf dem Markt anlachen, können Sie einfach nicht widerstehen und kaufen gleich die doppelte Menge. Ich habe dann meistens einiges davon schon verspeist, ehe ich überhaupt zurück in meiner Küche bin.

Im Hochsommer haben dann Pfirsiche und Nektarinen Saison. Ob gelb- oder weißfleischig, rund oder platt – Pfirsiche sind während der Sommermonate aus meiner Küche nicht wegzudenken. Als ich in Südwestfrankreich lebte, hatten wir einen kleinen Pfirsichbaum im Garten. Obwohl er so klein war, trug er Unmengen Früchte, die alle innerhalb weniger Wochen reif waren, sodass ich kaum nachkam mit Einkochen, Konfitüre-, Sirup- und Chutneykochen, um nur ja keine der prallen, gelbfleischigen Früchte wegwerfen zu müssen.

Die Form und die mit einem zarten Flaum überzogene Schale perfekter Aprikosen faszinieren mich immer wieder. Sind die Früchte mal nicht ganz so perfekt, kann man ihnen immer noch das Beste an Geschmack entlocken, indem man sie mit Zucker kocht. Das Gleiche gilt für die Pflaumen, aus denen sich die herrlichsten Kuchen, leckeres Pflaumenmus und erfrischende Sorbets zaubern lassen.

Steinobst eignet sich hervorragend zum Einkochen und für Konfitüren. Ich persönlich bevorzuge weniger süße und weniger feste Konfitüren. Sie sind zwar nicht ganz so lange haltbar, dafür kommt der Fruchtgeschmack besser zur Geltung. Wegen der Abwechslung und damit jede der vielen Sommerfrüchte zu ihrem Recht kommt, koche ich von jeder Sorte nur ein paar Gläser ein.

Bulgursalat mit Kirschen und Feta

Frische, schmackhafte Gerichte wie dieses mag ich ganz besonders. Dieser Salat ist ideal als Mittagessen für heiße Sommertage, wenn man nicht länger als nötig in der heißen Küche stehen möchte. Und das Tolle daran: Der Salat schmeckt am nächsten Tag noch besser. Dazu passen Lamm-Köfte (siehe Seite 114), gegrillte Lammkoteletts oder gegrillter Fisch – oder Sie servieren dazu einfach nur etwas warmes Fladenbrot und eine Schüssel mit Hummus.

Für 4–6 Personen

250 g Bulgur

50 g Mandeln

50 g glatte Petersilie

30 g frische Minze

30 g frisches Koriandergrün

50 g Rucola

1 Knolle Fenchel

5 Frühlingszwiebeln

1 Handvoll Radieschen

½ Salatgurke

Saft von 1 Zitrone

4–5 EL fruchtiges Olivenöl

250 g Kirschen, gewaschen und abgetrocknet

150 g Feta

1 kräftige Prise Sumach (nach Belieben)

Salz und frisch gemahlener schwarzer Pfeffer

Den Bulgur in ein Sieb geben und unter fließendem kaltem Wasser waschen. In einen Topf füllen, mit 1 Liter kaltem Wasser bedecken und mit 1 Prise Salz würzen. Zum Kochen bringen und bei halb geöffnetem Deckel etwa 15 Minuten köcheln lassen, bis er weich ist. In ein Sieb abgießen, abschrecken und abtropfen lassen.

Inzwischen die Mandeln bei mittlerer Hitze ohne Zugabe von Fett rösten. Die Pfanne dabei immer wieder rütteln, damit die Nüsse nicht verbrennen. Die Mandeln etwas abkühlen lassen und danach in Stifte schneiden.

Die Kräuter hacken – ob fein oder grob, wie ich es bevorzuge, bleibt Ihnen überlassen – und in eine Schüssel geben. Den Fenchel putzen, vierteln und das harte Innere entfernen. Anschließend in feine Streifen schneiden und zu den Kräutern geben. Die Frühlingszwiebeln putzen und fein hacken. Die Radieschen waschen, in Scheiben schneiden. Die Gurke waschen und fein würfeln. Das Gemüse dann ebenfalls in die Schüssel füllen.

Den Bulgur noch einmal gut ausdrücken und zum Gemüse geben. Mit Zitronensaft, Olivenöl, Salz und Pfeffer anmachen und alles gut durchmischen.

Die Kirschen entstielen und entsteinen. Die Früchte dazu einzeln über die Salatschüssel halten (damit der Saft nicht verloren geht), die Kerne mit den Fingern herausdrücken, das Fruchtfleisch in kleine Stücke reißen und in die Schüssel fallen lassen. Den Feta darüberkrümeln, die Mandeln darüberstreuen und den Salat noch einmal durchmischen.

Am besten schmeckt der Salat, wenn man ihn vor dem Servieren etwa 1 Stunde durchziehen lässt. Hat er länger gestanden, sollten Sie ihn noch einmal abschmecken und gegebenenfalls nachwürzen. Den Salat nach Belieben mit Sumach bestreuen und servieren.

Lamm-Köfte mit Kirschen und Tahini-Sauce

Dieses einfache, superleckere Gericht ist geradezu ideal als Fingerfood für eine größere Gästeschar. Die Fleischbällchen schmecken aber auch vorzüglich als leichtes Mittagessen und passen wunderbar zum Bulgursalat mit Kirschen und Feta von Seite 112. Oder man serviert sie wie hier mit geröstetem Fladenbrot, pikant eingelegten roten Zwiebeln und Peperoni, frischer Gurke und einer erfrischenden Tahini-Sauce. Sie können die fertigen Hackfleischbällchen aber auch mit einer Dose Tomaten und etwas Granatapfelmelasse 30 Minuten zugedeckt bei mittlerer Hitze im Backofen garen.

Für 4 Personen

2 EL Olivenöl

1 kleine Zwiebel, fein gehackt

1 grosse Knoblauchzehe, fein gehackt

50 g Pinienkerne

30 g glatte Petersilie, fein gehackt

30 g frische Minze, fein gehackt

1 grüne Chilischote, die Samen entfernt und fein gehackt

½ TL gemahlener Kreuzkümmel

¼ TL gemahlenes Piment

¼ TL Zimt

150 g Kirschen, gewaschen

400 g mageres Lammhackfleisch

Salz und frisch gemahlener schwarzer Pfeffer

Für die eingelegte rote Zwiebel

1 rote Zwiebel, in feine Ringe geschnitten

2 EL Weissweinessig

2 TL brauner Zucker

1 Prise Salz

Für die Tahini-Sauce

1 grosse Knoblauchzehe, zerdrückt

2 EL Tahini (Sesampaste)

4 EL griechischer Joghurt

Saft von ½ Zitrone

½ TL gemahlener Kreuzkümmel

Zum Servieren

geröstete Fladenbrote

Mini-Salatgurken

eingelegte Peperoni

Zitronenschnitze

Die Hälfte des Olivenöls in einem kleinen Topf erhitzen und die Zwiebel 3 Minuten bei geringer Hitze darin glasig schwitzen. Den Knoblauch dazugeben, 1 Minute anschwitzen und den Topfinhalt in eine Schüssel füllen. Im selben Topf die Pinienkerne leicht anrösten. Den Topf dabei immer wieder schwenken, damit die Nüsse gleichmäßig gebräunt werden. Die Pinienkerne anschließend mit den Kräutern, der Chilischote und den Gewürzen zur Zwiebel und dem Knoblauch geben. Die Kirschen entstielen und entsteinen. Dazu die Früchte einzeln über die Schüssel halten (damit der Saft nicht verloren geht) und die Kerne mit den Fingern herausdrücken. Das Fruchtfleisch grob hacken und mit dem Hackfleisch in die Schüssel geben. Kräftig mit Salz und Pfeffer würzen, die Zutaten sorgfältig vermengen und golfballgroße Bällchen aus der Masse formen.

Den Backofen auf 190 °C (Umluft 170 °C) vorheizen. Das restliche Öl bei mittlerer Hitze in einer Pfanne erhitzen und die Köfte portionsweise etwa 3 Minuten rundherum anbräunen. In eine ofenfeste Form füllen und zum Warmhalten in den Backofen stellen.

Die rote Zwiebel in einer Glas- oder Keramikschüssel mit Essig, Zucker und Salz anmachen und 20 Minuten durchziehen lassen. Die Zutaten für die Tahini-Sauce in einer kleinen Schüssel mit so viel Wasser verrühren, dass eine glatte Sauce mit der Konsistenz einer leicht geschlagenen Sahne entsteht. Die Sauce zum Schluss gegebenenfalls noch einmal mit Salz und/oder Zitronensaft abschmecken.

Die Köfte mit der eingelegten Zwiebel, der Tahini-Sauce, geröstetem Fladenbrot, Gurkenstiften, eingelegten Peperoni und Zitronenschnitzen servieren.

Kirschsirup

Mit diesem Sirup lassen sich nicht nur köstlich erfrischende Softdrinks und Fruchteis herstellen, man kann damit auch Joghurt aromatisieren und Pfannkuchen beträufeln. Und last but not least eignet er sich vorzüglich für die gute alte Coke Float: Für diesen Drink einfach einen Löffel Vanilleeis in ein Longdrinkglas geben und mit Cola sowie etwas Kirschsirup aufgießen. Sie können den Sirup aber auch nur über Vanille- oder Schokoladeneis träufeln, ihn für Ihre Sommercocktails verwenden oder Prosecco mit je einem Schuss Kirschsirup und Kirschbrandy aufpeppen. Und wenn Sie den Sirup noch etwas stärker einkochen lassen, ihn mit den klebrigen Kirschen über Schokoladenkekse gießen und das Ganze mit Schlagsahne genießen, werden Sie im siebten kulinarischen Himmel schweben.

Ergibt etwa 600 ml

750 g Kirschen, gewaschen

½ Vanilleschote, der Länge nach aufgeschlitzt

350 g Zucker

Saft von ½ Zitrone

Benötigte Utensilien

ein feinmaschiges Nylonsieb

2 Flaschen à 350 ml Fassungsvermögen

Eis-am-Stiel-Formen (nach Belieben)

Die Kirschen entstielen, halbieren, die Kerne entfernen und die Früchte in eine Rührschüssel füllen. Die Vanilleschote, den Zucker und den Zitronensaft hinzufügen, gut umrühren und das Ganze zugedeckt mindestens 1 Stunde ruhen lassen, bis sich der Zucker aufgelöst hat und die Kirschen ihren Saft abgegeben haben.

Den Schüsselinhalt in einen Topf füllen, 250 ml kaltes Wasser hinzufügen, bei geringer Hitze aufkochen und 3–4 Minuten köcheln lassen. Das Nylonsieb über einem Krug einhängen, den Topfinhalt in das Sieb abgießen und einige Stunden abtropfen lassen. Den Sirup in sterilisierte Flaschen (siehe Seite 132) füllen, verschließen und in den Kühlschrank stellen. Gekühlt ist er 6 Wochen haltbar.

Um Eis am Stiel zu machen, den Sirup nach Belieben verdünnen und anschließend noch einen Extratropfen hinzufügen (beim Gefrieren verliert der Sirup etwas an Süße und Aroma, das wird mit dem Extratropfen kompensiert). In die Formen gießen und im Gefriergerät gefrieren lassen. Das ergibt eine perfekte Erfrischung für die heißen Sommertage.

Diesen Sirup können Sie auch aus der gleichen Menge Erdbeeren herstellen. Eine Handvoll Ananasminze verleiht ihm noch eine extrafrische Note.

Kirschkuchen mit Mandelstreuseln

Auch wenn Ihnen dieses Rezept an der einen oder anderen Stelle etwas kompliziert erscheinen mag, sollten Sie sich davon nicht abschrecken lassen. Schließlich habe ich dafür von meiner strengsten Kritikerin ein dickes Lob geerntet – und meine Mutter ist über jeden Zweifel erhaben. Wenn Sie sich die Sache ein bisschen einfacher machen wollen, lassen Sie die Streusel einfach weg und bestreuen den Kuchen zum Schluss lediglich mit Mandelblättchen. Noch leicht warm mit Vanilleeis oder Schlagsahne serviert, schmeckt er übrigens auch vorzüglich als Dessert.

FÜR 8–10 PERSONEN

Für den Mürbeteigboden

125 g Mehl (Type 405)

100 g kalte Butter, in Würfel geschnitten, plus Butter für die Form

40 g Puderzucker

1 Prise Salz

3 EL Kirschkonfitüre

Für die Streusel

40 g Mandelblättchen

50 g Demerarazucker

40 g Mehl (Type 405)

25 g Butter, zerlassen

Für den Kuchen

125 g weiche Butter

125 g Zucker

3 mittelgrosse Eier, verquirlt

1 TL abgeriebene Schale einer unbehandelten Zitrone

1 TL Vanillepaste oder -extrakt

¼ TL Mandelextrakt

100 g gemahlene Mandeln

75 g Mehl (Type 405)

1 TL Backpulver

1 Prise Salz

2 EL saure Sahne

350 g Kirschen, entsteint

Benötigte Utensilien

eine Springform (Ø 20 cm)

Den Backofen auf 180 °C (Umluft 160 °C) vorheizen. Die Springform mit Butter einfetten und den Boden mit Backpapier auslegen.

Für den Mürbeteig das Mehl in der Küchenmaschine mit Butter, Puderzucker und der Prise Salz verrühren. Den Teig in die Form geben und in einer gleichmäßigen Schicht auf dem Boden verteilen. Dabei den Teig gut andrücken. Die Konfitüre, sollte sie viele große Fruchtstücke enthalten, kurz in der Küchenmaschine pürieren.

Den Mürbeteig 12 Minuten auf der mittleren Schiene goldgelb backen und danach in der Form abkühlen lassen.

Die Zutaten für die Streusel in einer Schüssel mit den Fingerspitzen zu einem krümeligen Teig verarbeiten.

Für den Kuchen die Butter und den Zucker cremig aufschlagen. Die Eier einzeln unterrühren, die Zitronenschale, die Vanillepaste und den Mandelextrakt hinzufügen und die trockenen Zutaten darübersieben. Die Zutaten kräftig zu einem glatten Teig verrühren und zum Schluss die saure Sahne unterrühren.

Den Mürbeteig gleichmäßig mit der Kirschkonfitüre bestreichen. Dabei einen 1 cm breiten Rand frei lassen. Den Kuchenteig gleichmäßig daraufgießen und glatt streichen. Mit den Kirschen belegen, die Streusel darüberstreuen und den Kuchen 45–60 Minuten auf der mittleren Schiene backen, bis er goldbraun und schön aufgegangen ist. Um die Garprobe zu machen, in der Mitte mit einem Holzstäbchen hineinstechen. Der Kuchen ist fertig, wenn das Stäbchen beim Rausziehen sauber bleibt. Wird der Kuchen zu schnell braun, lose mit Backpapier abdecken.

Den Kuchen 10 Minuten in der Form abkühlen lassen, anschließend mit einer Palette am Rand von der Form lösen, herausnehmen und auf einem Kuchengitter vollständig auskühlen lassen.

Schokoladeneis mit Kirschen und weißem Nougat

Die Kombination von Kirschen, Schokolade und Mandeln macht diese Eiscreme zu einem unvergleichlichen Geschmackserlebnis. Weißer Nougat, spanisch *turrón*, kommt ursprünglich von der Iberischen Halbinsel. Die italienische Variante heißt *torrone* und wird als harte (*duro*) oder weiche (*morbido*) Variante angeboten. Für dieses Rezept benötigen Sie harten Torrone.

Für 6–8 Personen

300 ml Vollmilch

350 ml Sahne

1 EL ungesüsstes Kakaopulver

3 mittelgrosse Eigelb

200 g brauner Zucker

1 TL Vanilleextrakt

1 Prise Salz

175 g Zartbitterschokolade, fein gehackt

Für das Kirschkompott und den Nougat

400 g reife Schwarzkirschen, gewaschen

100 g Zucker

Saft von ½ Zitrone

150 g harter weisser Nougat

Benötigte Utensilien

eine Eismaschine

eine Gefrierdose

Waffeltüten zum Servieren

In einem mittelgroßen Topf die Milch mit der Hälfte der Sahne und dem Kakaopulver verrühren und bei mittlerer Hitze zum Kochen bringen. Inzwischen in einer Schüssel mit dem Handmixer die Eier samt Zucker, Vanille und Salz cremig aufschlagen. Unter laufendem Rühren langsam 3–4 Esslöffel der heißen Milchmischung aus dem Topf hinzufügen und danach die restliche Milchmischung einrühren. Nun die Mischung von der Schüssel in den Topf zurückgießen und etwa 3 Minuten bei geringer Hitze unter Rühren eindicken lassen, bis sie an einem Löffelrücken haften bleibt. Die Mischung dabei keinesfalls zum Kochen kommen lassen, sonst stocken die Eier.

Die Schokolade in eine weitere Schüssel füllen, die heiße Vanillecreme unter laufendem Rühren langsam darüberlaufen lassen, bis die Schokolade geschmolzen und die Mischung glatt ist. Die restliche Sahne hinzufügen und glatt rühren. Anschließend abkühlen lassen und danach zugedeckt mindestens 4 Stunden oder über Nacht in den Kühlschrank stellen.

Inzwischen das Kirschkompott zubereiten. Dazu die Kirschen entstielen und über einem kleinen Topf die Kerne mit den Fingern herausdrücken. Das Fruchtfleisch grob hacken und mit dem Zucker, dem Zitronensaft und 50 ml kaltem Wasser in den Topf geben. Bei geringer Hitze zum Kochen bringen und dabei laufend rühren, damit sich der Zucker auflöst. Sobald sich der Zucker aufgelöst hat, das Kompott etwa 20 Minuten köcheln lassen, bis die Früchte weich sind und der Saft eine dicke, sirupartige Konsistenz hat. Das Kompott abkühlen lassen und den Nougat in kleine Würfel schneiden.

Die Schokoladencreme in der Eismaschine gefrieren lassen, in die Gefrierdose füllen, das Kirschkompott und den Nougat unterziehen und das Eis im Gefriergerät fest werden lassen.

Mit einem großen Eisportionierer Kugeln abstechen und das Eis in Waffeltüten servieren.

Cracker mit getrockneten Sauerkirschen und Haselnüssen

Diese Cracker sind eine Kreuzung aus pikanten Keksen und Melba-Toast. Ich bin ein großer Fan von getrockneten Sauerkirschen und suche ständig nach neuen Möglichkeiten, sie in meiner Küche zu integrieren. In der Regel verwende ich sie für süßes Gebäck, hervorragend passen sie aber auch zu Nüssen und sahnigem Ziegenfrischkäse.

Ergibt 30–40 Stück

Butter für die Form
100 g blanchierte Haselnusskerne
75 g getrocknete Sauerkirschen
200 g Mehl (Type 405)
150 g Vollkorndinkelmehl
½ TL Backpulver
1 TL Backnatron
1 gehäufte Msp. Meersalzflocken
frisch gemahlener schwarzer Pfeffer
2 EL Demerarazucker
75 g gemischte Samen (z.B. Sonnenblumenkerne, Kürbiskerne und Leinsamen)
250 ml Buttermilch
2 EL Olivenöl extra vergine
1 EL klarer Honig

Benötigte Utensilien

eine Kastenform mit 900 g Fassungsvermögen

Den Backofen auf 170 °C (Umluft 150 °C) vorheizen. Die Form mit Butter einfetten und mit Backpapier auskleiden.

Die Haselnüsse auf einem Backblech verteilen und im Backofen 4 Minuten goldgelb rösten. Abkühlen lassen und danach sehr grob hacken. Die Sauerkirschen, falls sie sehr groß sind, ebenfalls grob hacken.

Die beiden Mehle mit dem Backpulver, dem Backnatron, den Meersalzflocken und 1 kräftigen Prise Pfeffer in eine große Rührschüssel sieben. Den Zucker, die Nüsse, die Samen und die Kirschen dazugeben. Alles gut vermischen. In einer Schüssel die Buttermilch mit dem Olivenöl und dem Honig verrühren. Über die trockenen Zutaten gießen und alles gut vermengen. Den Teig anschließend leicht mit den Händen durchkneten, bis er fast glatt ist.

Den Teig zu einem Rechteck formen (es sollte etwas schmaler sein als die Form), in die Form legen und – vor allem in den Ecken – gut andrücken. Den Teig 35–40 Minuten auf der mittleren Schiene backen, bis er aufgegangen ist, eine goldgelbe Farbe angenommen hat und sich fest anfühlt. Danach 3–4 Minuten in der Form abkühlen lassen, auf ein Kuchengitter stürzen und vollständig auskühlen lassen. Das dauert etwa 4 Stunden.

Sobald der Teig ausgekühlt ist, den Backofen auf 150 °C (Umluft 130 °C) vorheizen und den Kuchen mit einem Brotmesser in 2 mm dicke Scheiben schneiden. Diese auf mit Backpapier ausgelegten Backblechen verteilen und etappenweise 10–15 Minuten auf der mittleren Schiene knusprig backen. Die Bleche während des Backens umsetzen, damit das Gebäck gleichmäßig bräunt.

Die Cracker auf Kuchengittern auskühlen lassen und sofort servieren oder bis zu 2 Wochen in einem luftdicht verschlossenen Behälter aufbewahren.

Ravioli mit Pflaumenfüllung

Selbst gemachtes Pflaumenkompott in einer zarten Teighülle, in Fett ausgebacken und dick mit Puderzucker bestreut – das dürfen Sie sich nicht entgehen lassen! Das Kompott süße ich nur ganz wenig, denn der säuerlich-fruchtige Geschmack bildet einen herrlichen Kontrast zum Teig und dem Puderzucker. Sie können aber selbstverständlich auch mehr Zucker nehmen, wenn Sie es lieber süßer mögen.

Ergibt etwa 24 Stück

Für die Füllung

500 g rote Pflaumen, geviertelt

75 g Zucker

Saft und abgeriebene Schale von ½ unbehandelten Orange

Für den Teig

300 g Mehl (Type 405) plus Mehl zum Bestäuben

50 g Zucker

¼ TL Backnatron

1 kräftige Prise Zimt

1 Prise Salz

abgeriebene Schale von ½ unbehandelten Zitrone

4 EL Marsala

55 g Butter, zerlassen und etwas abgekühlt

1 grosses Ei, getrennt

1 l Sonnenblumenöl

Puderzucker zum Bestreuen

Benötigte Utensilien

eine Nudelmaschine

ein runder Plätzchen- oder Ravioli-Ausstecher (Ø 10–12 cm)

ein Zuckerthermometer

Die Pflaumen mit Zucker, Orangensaft und -schale bei mittlerer Hitze etwa 30 Minuten kochen, bis sie die Konsistenz einer Konfitüre haben. Dabei häufig umrühren, damit die Früchte nicht anbrennen. Anschließend in eine Schüssel füllen und abkühlen lassen.

Für den Ravioliteig das Mehl mit Zucker, Backnatron, Zimt und Salz in eine Rührschüssel sieben. In der Mitte eine Vertiefung hineindrücken, die Zitronenschale, den Marsala, die zerlassene Butter und das Eigelb hineingeben und die Zutaten gut verrühren. Wird der Teig zu krümelig, etwas Wasser – nicht zu viel, denn der Teig sollte relativ trocken sein – hinzufügen. Dann den Teig einige Minuten durchkneten, bis er fast glatt ist, mit einer umgedrehten Schüssel zudecken oder in Frischhaltefolie verpacken und 20 Minuten ruhen lassen.

Den Teig in drei gleiche Portionen teilen. Eine Portion zu einem 0,5 cm dicken Rechteck ausrollen. Den restlichen Teig bis zum Weiterverarbeiten zudecken. Das Rechteck bei breitester Walzeneinstellung durch die Nudelmaschine drehen, anschließend einmal zusammenfalten und erneut durchdrehen. Den Vorgang noch einmal wiederholen. Die Walzeneinstellung danach um eine Stufe reduzieren und den Teig nochmals durchdrehen. Den Teig so lange durch die Nudelmaschine drehen, bis er eine Dicke von 1 mm hat. Die Walzeneinstellung dabei laufend weiter reduzieren. Die Arbeitsfläche und der Teig sollten stets leicht bemehlt sein, damit der Teig nicht festklebt.

Den ausgerollten Teig – ohne ihn zu dehnen – auf die Arbeitsfläche legen und mit dem Ausstecher Kreise ausstechen. Die Teigreste zu einer Kugel formen und beiseitelegen. Jeweils 1 knappen Teelöffel Kompott in die Mitte der Kreise setzen (es sollte rundherum ein 0,5 cm breiter Rand frei bleiben). Die Ränder mit dem verquirlten Eiweiß bepinseln, die Kreise zu Halbmonden zusammenklappen und die Ränder gut zusammendrücken. Mit dem restlichen Teig und Kompott ebenso verfahren. Die anfallenden Teigreste können Sie noch einmal dünn ausrollen, in Streifen schneiden, in heißem Fett ausbacken und mit Puderzucker bestreut servieren.

Das Öl bei mittlerer Hitze in einem großen Topf heiß werden lassen, bis es eine Temperatur von 170–175 °C erreicht hat (mit dem Zuckerthermometer prüfen).

Die Ravioli portionsweise etwa 3 Minuten goldgelb im heißen Fett ausbacken. Dabei darauf achten, dass das Öl bei jeder neuen Portion die richtige Temperatur hat. Die fertigen Ravioli mit einem Schaumlöffel herausheben, auf Küchenpapier abtropfen lassen und warm mit Puderzucker bestäubt servieren.

Pflaumensoufflés

Auch wenn viele vor der Zubereitung zurückschrecken – diese köstlichen kleinen Soufflés sind kinderleicht zu machen. Bestehen sie doch lediglich aus einem dicken Pflaumenpüree, Eigelben und Eischnee. Sie gehen wunderbar auf und sind leicht und fruchtig. Deshalb eignen sie sich hervorragend als krönender Abschluss einer üppigen Mahlzeit. Das Pflaumenpüree kann bereits im Voraus hergestellt werden.

Ergibt 6 Stück

1 Rezept Geröstete Pflaumen (siehe Seite 128)

1 TL Maisstärke

1 TL Zitronensaft (nach Belieben)

zerlassene Butter für die Förmchen

2 mittelgrosse Eigelb

4 mittelgrosse Eiweiss

1 Prise Weinstein

1 Prise Salz

75 g Zucker plus Zucker zum Ausstreuen

leicht geschlagene Sahne zum Servieren

Benötigte Utensilien

6 Auflaufförmchen à 150 ml Fassungsvermögen

Die gerösteten Pflaumen abkühlen lassen. Das Fruchtfleisch mit dem Saft in eine Schüssel geben. Die Kerne, die Vanilleschote und die Zimtstange entfernen. Das Ganze mit dem Stabmixer oder in der Küchenmaschine pürieren und anschließend nach Belieben noch durch ein feinmaschiges Nylonsieb passieren. Sie benötigen 475–500 g. Das Püree etwa 5 Minuten bei mittlerer Hitze unter Rühren auf 400 g einkochen lassen. Die mit 1 Teelöffel kaltem Wasser angerührte Maisstärke einrühren und das Püree noch 30 Sekunden köcheln lassen, bis es eingedickt ist. Mit Zitronensaft abschmecken und etwas abkühlen lassen.

Den Backofen auf 190 °C (Umluft 170 °C) vorheizen. Die Förmchen mit zerlassener Butter einfetten und gleichmäßig mit Zucker ausstreuen. Den überschüssigen Zucker ausschütten. Je 1 gehäuften Teelöffel Pflaumenpüree auf den Böden der Förmchen verstreichen. Die Eigelbe kräftig mit dem restlichen Püree verrühren.

In einer großen Rührschüssel die Eiweiße mit dem Weinstein und dem Salz steif schlagen, bis sich weiche Spitzen bilden. Nach und nach den Zucker unterschlagen, bis ein glatter, glänzender Eischnee entstanden ist.

1 großen Esslöffel Eischnee unter das Pflaumenpüree heben und danach den Rest vorsichtig mit einem großen Metalllöffel unterziehen. Dabei darauf achten, dass Sie die Luft nicht herausschlagen. Die Mischung auf die Förmchen verteilen (sie sollten sehr voll sein, und es dürfen sich keine Luftblasen bilden). Die Oberfläche mit einer Palette glatt streichen, mit der Spitze des Daumens am inneren Rand entlangfahren und die Förmchen auf ein Backblech stellen.

Die Soufflés 10 Minuten auf der mittleren Einschubleiste backen, bis sie schön aufgegangen und oben goldbraun sind. Die Förmchen mithilfe eines Pfannenwenders rasch und vorsichtig vom Blech heben, auf Dessertteller setzen und sofort mit leicht geschlagener Sahne servieren.

Knusprige Entenkeulen mit würziger Pflaumensauce

Diese Pflaumensauce eignet sich auch hervorragend als Dip zu Frühlingsrollen und Ähnlichem. Die Ente schmeckt auch vorzüglich mit einem asiatisch angehauchten Krautsalat und Pfannkuchen mit Schnittlauch oder Frühlingszwiebeln. Das Gericht muss bereits am Vortag vorbereitet werden, damit die Entenkeulen über Nacht im Kühlschrank durchziehen können.

Für 4 Personen; ergibt 2 Gläser à 350 g

Für die Entenkeulen

1 gehäufter TL Sichuan-Pfefferkörner

2 Knoblauchzehen, grob gehackt

1 Stück (5 cm) frischer Ingwer, gehackt

1 gehäufter TL chinesisches Fünf-Gewürze-Pulver (Asiamarkt)

4 Entenkeulen

2 EL Sojasauce

1 EL schwarzer chinesischer Reisessig

Für die Pflaumensauce

750 g rote Pflaumen, grob gehackt

1 kleine rote Zwiebel, gehackt

1 grosse Knoblauchzehe, gehackt

1 Stück (5 cm) frischer Ingwer, gehackt

1 rote Chilischote, die Samen entfernt und gehackt

1 TL Sichuan-Pfefferkörner

1 kleine Zimtstange

3 Pimentkörner

1–2 Sternanis

125 g Demerarazucker

150 ml schwarzer chinesischer Reisessig

Sojasauce zum Abschmecken (nach Belieben)

Limettensaft zum Abschmecken

Zum Servieren

Pfannkuchen

Frühlingszwiebeln und Salatgurke

Benötigte Utensilien

2 Einmachgläser à 350 g Fassungsvermögen

Für die Ente den Sichuan-Pfeffer einige Minuten bei geringer bis mittlerer Hitze in einer kleinen Pfanne ohne Zugabe von Fett anrösten, bis er sein Aroma entfaltet. Die Körner anschließend im Mörser zermahlen. Den Knoblauch, den Ingwer und das Fünf-Gewürze-Pulver hinzufügen und alles zu einer fast glatten Paste zerdrücken.

Die Entenkeulen auf eine große Platte legen, die Haut mehrfach einritzen. Dann die Sojasauce und den Reisessig darüberträufeln und einmassieren. Die Gewürzpaste ebenfalls einmassieren, die Keulen mit Frischhaltefolie abdecken und über Nacht im Kühlschrank marinieren lassen.

Für die Sauce die Pflaumen mit Zwiebel, Knoblauch, Ingwer und der Chilischote in einen großen Edelstahltopf geben. Die Gewürze, den Zucker und den Essig hinzufügen und alles gut durchmischen. Bei geringer bis mittlerer Hitze zum Kochen bringen und dabei häufig umrühren, damit sich der Zucker auflöst. Die Pflaumen etwa 40 Minuten unter gelegentlichem Rühren köcheln lassen, bis die Früchte sehr weich sind und die Mischung eindickt.

Die Mischung durch ein feinmaschiges Nylonsieb passieren oder durch die Gemüsemühle drehen. Den Topf kurz auswaschen, die passierte Sauce hineinfüllen und 3–4 Minuten kochen, bis sie die Konsistenz von Tomatenketchup hat. Die Sauce zum Schluss mit Sojasauce und Limettensaft abschmecken. In eine Schüssel füllen und abkühlen lassen.

Die erkaltete Sauce in sterilisierte Einmach- oder Schraubgläser (siehe Seite 132) füllen, die Gläser verschließen und in den Kühlschrank stellen. Die Sauce ist so 6 Wochen haltbar.

Am folgenden Tag den Backofen auf 190 °C (Umluft 170 °C) vorheizen. Die Entenkeulen trocken tupfen und dabei die Marinade möglichst vollständig entfernen. In einen Bräter schichten und 25–30 Minuten im Ofen garen, bis die Haut knusprig und das Fleisch weich ist.

Das Fleisch mit einer Gabel von den Knochen lösen und schließlich mit der Pflaumensauce, den Pfannkuchen, den Frühlingszwiebeln und den Gurkensticks servieren.

Geröstete Pflaumen mit Milchreis

Pflaumen sind außerordentlich vielseitig verwendbare Früchte. Sie sind nicht nur roh ein Genuss, man kann sie auch, wie hier, rösten und mit Milchreis servieren, daraus ein köstliches Sorbet oder Soufflé herstellen, einen Käsekuchen verfeinern und, und, und. Genießen Sie Pflaumen auch einmal zum Frühstück mit Joghurt und Müsli oder warmem Porridge. Im Unterschied zu den meisten anderen Rezepten, die nach reifen Früchten verlangen, empfiehlt es sich, zum Rösten nicht ganz reife Pflaumen zu verwenden.

Für 6 Personen

Für die gerösteten Pflaumen

800 g nicht ganz reife rote Pflaumen, gewaschen

1 ½ EL Zucker

½ Vanilleschote, der Länge nach aufgeschlitzt und halbiert

1 kleine Zimtstange

Für den Milchreis

125 g Rundkornreis

50–75 g Zucker

1 Vanilleschote, der Länge nach aufgeschlitzt

1 Streifen unbehandelte Orangenschale

2 grüne Kardamomkapseln, leicht zerdrückt

750 ml teilentrahmte Milch

1 Prise Salz

2–3 EL Sahne plus Sahne zum Servieren

1 EL gehackte Pistazien, Mandeln oder Haselnüsse

Den Backofen auf 180 °C (Umluft 160 °C) vorheizen und ein Backblech mit Backpapier oder Alufolie auslegen.

Die Pflaumen halbieren (um das Entsteinen müssen Sie sich jetzt noch nicht kümmern), die Hälften mit der Schnittfläche nach oben auf dem Blech verteilen und mit Zucker bestreuen. Die Vanilleschote der Länge nach aufschlitzen, die Hälften dann zunächst längs und danach quer halbieren und mit der Zimtstange zwischen die Früchte stecken. Die Pflaumen 30–40 Minuten auf der mittleren Einschubleiste des Backofens rösten, bis sie sehr weich sind und an den Rändern zu karamellisieren beginnen.

Inzwischen den Reis in einem Topf mit 350 ml Wasser zum Kochen bringen. Die Wärmezufuhr danach verringern und den Reis 4–5 Minuten köcheln lassen. Anschließend abgießen, abtropfen lassen und wieder in den Topf füllen.

Die Vanilleschote, 50 g Zucker, die Orangenschale, den Kardamom, die Milch und das Salz zum Reis geben, das Ganze bei geringer Hitze aufkochen und unter gelegentlichem Rühren etwa 20 Minuten köcheln lassen, bis der Reis weich ist und die Milch fast vollständig aufgesogen hat.

Den Reis vom Herd nehmen, Vanilleschote und Orangenschale entfernen. Die Sahne und gegebenenfalls den restlichen Zucker einrühren. Den Reis mit den Nüssen bestreuen und warm mit den Pflaumen und der Sahne servieren.

Pflaumensorbet

Etwa einmal im Monat treffe ich mich mit meiner Schwester zu einem »leichten« Abendessen in Soho. Die Abende verlaufen im Wesentlichen immer nach dem gleichen Muster. Wir versuchen beide, uns halbwegs gesund zu ernähren – und betonen immer wieder, dass wir darauf achten, was wir essen. Dann schlendern wir durch die Straßen der Londoner City zu unserer Lieblingseisdiele und machen all dies wieder zunichte. Bei einem dieser Treffen im Spätsommer aß ich dort ein Sorbet, das mich zu diesem Rezept inspirierte. Es war eine Riesenwaffeltüte voll, aus der der süße, klebrige Pflaumensaft auf meine Hände tropfte – besser kann ein Abend nicht enden.

Für 6–8 Personen

1 Rezept Geröstete Pflaumen (siehe Seite 128)

150 g Zucker

Benötigte Utensilien

eine Eismaschine

Die gerösteten Pflaumen abkühlen lassen. Das Fruchtfleisch mit dem Saft in eine Schüssel geben. Die Kerne, die Vanilleschote und die Zimtstange entfernen und das Ganze zu einem glatten Püree verrühren (am schnellsten geht das mit dem Stabmixer). Wenn Sie ein »schalenfreies« Sorbet haben möchten, das Püree anschließend noch durch ein feinmaschiges Nylonsieb passieren.

Den Zucker mit 200 ml Wasser bei mittlerer Hitze zum Kochen bringen. Dabei immer wieder umrühren, damit er sich auflöst. Den Sirup 2 Minuten lang köcheln lassen, danach den Topf vom Herd nehmen und das Pflaumenpüree einrühren. Die Mischung abkühlen lassen, zugedeckt einige Stunden in den Kühlschrank stellen und danach in der Eismaschine gefrieren lassen.

Mit der Eismaschine wird das Sorbet besonders locker. Wenn Sie keine besitzen, die Mischung einfach in eine Gefrierdose füllen, in das Gefriergerät stellen und alle paar Stunden mit einer Gabel durchrühren, um die Eiskristalle aufzubrechen. Das Sorbet, sobald es gefroren ist, in Stücke brechen und in der Küchenmaschine verrühren, bis es glatt und locker ist. Anschließend wieder in die Gefrierdose füllen und in das Gefriergerät stellen.

Pflaumenkonfitüre mit Sternanis

Konfitüre muss bei mir relativ flüssig sein – der Löffel sollte also keineswegs im Glas stehen. Sie darf ruhig vom Toast auf meine Finger tropfen, damit ich mir gleich noch ein wenig mehr davon aufs Brot streichen kann. Das ist mit ein Grund, weshalb ich mit dem Zucker relativ sparsam umgehe. Vor allem aber kommt so der Fruchtgeschmack besser zur Geltung. Das setzt allerdings voraus, dass die Früchte absolut reif sind.

Ergibt 4–5 Gläser à 450 g

1,5 kg reife Pflaumen, gewaschen

800 g Kristall- oder Gelierzucker

1 Zimtstange

2 Sternanis

Benötigte Utensilien

4–5 Schraubgläser à 450 g Fassungsvermögen

ein Edelstahlmarmeladentopf

ein Marmeladentrichter

ein Schöpflöffel

Pflaumen vierteln, Kerne entfernen und die Früchte in eine große Glas- oder Keramikschüssel füllen. Den Zucker darüberstreuen und alles gut durchmischen. Die Zimtstange und den Sternanis dazugeben und nochmals durchmischen. Die Schüssel mit Frischhaltefolie abdecken und die Pflaumen 6–8 Stunden oder über Nacht bei Zimmertemperatur ruhen lassen.

Den Inhalt der Schüssel in den Marmeladentopf schütten und den Zucker, soweit er sich noch nicht aufgelöst hat, bei geringer Hitze auflösen. Danach die Wärmezufuhr erhöhen und die Pflaumen bei mittlerer Hitze zum Kochen bringen. Dabei regelmäßig den Schaum, der sich an der Oberfläche bildet, mit einem Schaumlöffel abschöpfen. Die Früchte etwa 20 Minuten kochen lassen und danach zum ersten Mal prüfen, ob die Konfitüre bereits fertig ist. Dazu 1 knappen Teelöffel voll auf einen kalten Unterteller gießen, 30 Sekunden warten. Bildet sich bei Berührung mit der Fingerspitze eine feine Haut und die Konfitüre zieht sich zusammen, ist sie fertig. Anderenfalls die Konfitüre noch etwas kochen lassen und die Probe alle paar Minuten wiederholen.

Sobald diese fertig ist, den Topf vom Herd nehmen und die Konfitüre 5 Minuten ruhen lassen. Dadurch wird gewährleistet, dass größere Fruchtstücke beim Abfüllen in die Gläser nicht nach oben steigen.

Die Zimtstange und den Sternanis herausnehmen, die Konfitüre mithilfe eines Marmeladentrichters und eines Schöpflöffels – in die vorgewärmten, sterilisierten Gläser füllen. Die Ränder mit einem angefeuchteten Geschirrtuch oder Küchenkrepp säubern und die Gläser luftdicht mit den Schraubdeckeln verschließen. Die Gläser dann einige Minuten auf den Kopf stellen, damit sich unter dem Deckel ein Vakuum bildet, mit Etiketten versehen und an einem kühlen, lichtgeschützten Platz lagern. Angebrochene Gläser können bis zu 1 Monat im Kühlschrank aufbewahrt werden.

Zum Sterilisieren der Marmeladengläser den Backofen auf 120 °C (Umluft 100 °C) vorheizen. Die Gläser und Schraubdeckel in heißem Seifenwasser spülen und abtrocknen. Die Gläser – ohne die Deckel! – auf ein Backblech stellen und für mindestens 10 Minuten in den Ofen schieben. Gleichzeitig zwei Unterteller im Kühlschrank oder dem Gefriergerät für die Probe bereitstellen.

Pfirsich-Himbeer-Konfitüre

Pfirsiche und Himbeeren sind – vor allem in dieser Konfitüre – ein wunderbares Gespann. Und die Kombination hat noch einen Vorzug: Sie enthält nicht so viele Kerne wie eine reine Himbeerkonfitüre. Und wer dem Ganzen noch die Krone aufsetzen möchte, fügt das Mark einer Vanilleschote hinzu.

Ergibt 4–5 Gläser à 450 g

4–5 (750 g) große weißfleischige Pfirsiche, gewaschen

650 g Kristall- oder Gelierzucker

Saft von 1 Zitrone

350 g Himbeeren

Benötigte Utensilien

4–5 Schraubgläser à 450 g Fassungsvermögen

ein Edelstahlmarmeladentopf

ein Marmeladentrichter

ein Schöpflöffel

Die Pfirsiche in Spalten schneiden und die Kerne entfernen. Die Spalten in einer großen Glas- oder Keramikschüssel mit dem Zucker und dem Zitronensaft mischen. Dann die Schüssel mit Frischhaltefolie abdecken und die Früchte 6–8 Stunden oder über Nacht bei Zimmertemperatur ruhen lassen.

Die Gläser sterilisieren und zwei Unterteller in den Kühlschrank oder das Gefriergerät stellen. Die Pfirsiche mit den Himbeeren in den Marmeladentopf füllen und wie auf Seite 132 beschrieben mit der Zubereitung fortfahren.

Aprikosenkonfitüre mit Vanille

Diese Konfitüre ist ein Paradebeispiel für die Fruchtigkeit, die ich bei einer Marmelade so schätze. Die Aprikosenkerne verleihen ihr zudem ein mandelartiges Aroma.

Ergibt 4–5 Gläser à 450 g

1,2 kg reife Aprikosen, gewaschen

750 g Kristall- oder Gelierzucker

Saft von 1 Zitrone

1 Vanilleschote, der Länge nach aufgeschlitzt

Benötigte Utensilien

4–5 Schraubgläser à 450 g Fassungsvermögen

ein Edelstahlmarmeladentopf

ein Marmeladentrichter

ein Schöpflöffel

Die Aprikosen vierteln und die Steine aufheben. Die Früchte in einer großen Glas- oder Keramikschüssel mit dem Zucker und dem Zitronensaft mischen. Dann die Schüssel mit Frischhaltefolie abdecken und die Früchte 6–8 Stunden oder über Nacht bei Zimmertemperatur ruhen lassen. Inzwischen die Aprikosensteine jeweils einzeln in ein sauberes Geschirrtuch wickeln, mit dem Nudelholz zertrümmern, die Kerne herausnehmen und zur Seite stellen.

Die Gläser sterilisieren und zwei Unterteller in den Kühlschrank oder das Gefriergerät stellen. Die Aprikosenkerne 1–2 Minuten in kochendem Wasser blanchieren, abgießen und abtropfen lassen.

Die Aprikosen mit der Vanilleschote in den Marmeladentopf füllen und wie auf Seite 132 beschrieben mit der Zubereitung fortfahren. Beim Abfüllen die Aprikosenkerne gleichmäßig auf die Gläser verteilen.

APRIRE

Pflaumenkuchen mit Streuseln

Dieser Kuchenteig ähnelt eher einem Brot als einem Kuchen. Deshalb eignet er sich auch vorzüglich als spätes Frühstück, zu einem Brunch oder zur »Brotzeit«. Am besten sollte man ihn frisch genießen. Er lässt sich aber, in Alufolie verpackt, auch gut einige Minuten im Ofen aufbacken. Der Teig kann bereits am Vorabend hergestellt werden und so über Nacht im Kühlschrank gehen. Ich verwende übrigens – nicht nur aus geschmacklichen, sondern auch aus optischen Gründen – gerne unterschiedliche Pflaumen dafür.

Für 8–10 Personen

100 ml Vollmilch

300 g Mehl (Type 405)

125 g Zucker

½ TL Zimt

7 g Trockenhefe

1 kräftige Prise Salz

75 g zimmerwarme saure Sahne oder Buttermilch

1 mittelgrosses Ei

1 mittelgrosses Eigelb

1 TL abgeriebene Schale von einer unbehandelten Zitrone

1 TL Vanilleextrakt

125 g weiche Butter, in Würfel geschnitten, plus Butter für die Form

500 g gemischte Pflaumen, gewaschen und abgetrocknet

Für die Streusel

50 g Demerarazucker

50 g Farinzucker

1 kräftige Prise Salz

½ TL Zimt

85 g Mehl (Type 405)

60 g Butter, zerlassen

Benötigte Utensilien

eine quadratische Backform mit 20 cm Seitenlänge

Die Backform mit Butter einfetten und mit ebenfalls eingefettetem Backpapier auskleiden.

Die Milch erwärmen, bis sie lauwarm ist. Das Mehl mit Zucker, Zimt, Hefe und Salz mischen. In einer Schüssel die saure Sahne mit dem Ei, dem Eigelb, dem Abrieb der Zitronenschale und dem Vanilleextrakt verrühren. Eine Mulde in das Mehl drücken, die warme Milch, die saure Sahne und die Butterwürfel hineingeben und alles mit den Knethaken des Mixers etwa 4 Minuten bei mittlerer Geschwindigkeit zu einem seidigen, glatten Teig verrühren.

Den Teig in die Form füllen, mit einer Palette glatt streichen, lose mit Frischhaltefolie abdecken und über Nacht im Kühlschrank oder 2–3 Stunden bei Zimmertemperatur gehen lassen.

Wenn Sie den Teig im Kühlschrank gehen lassen, daran denken, ihn rechtzeitig herauszunehmen, damit er sich auf Zimmertemperatur erwärmen kann. Den Backofen auf 190 °C (Umluft 170 °C) vorheizen.

Inzwischen die Streusel herstellen. Dazu beide Zucker in einer kleinen Schüssel mit dem Salz, dem Zimt und dem Mehl mischen. Die zerlassene Butter hinzufügen und alles verrühren, bis ein grober, krümeliger Teig entstanden ist. Ein Drittel der Streusel auf dem Teig verteilen. Die Pflaumen je nach Größe vierteln oder sechsteln, den Kuchen damit belegen und die restlichen Streusel darüberstreuen.

Den Kuchen 20 Minuten auf der mittleren Schiene backen. Die Temperatur dann auf 170 °C (Umluft 150 °C) reduzieren und den Kuchen weitere 45–50 Minuten backen, bis er schön aufgegangen ist und die Streusel goldbraun und knusprig sind. Um die Garprobe zu machen, in der Mitte mit einem Holzstäbchen hineinstechen. Der Kuchen ist fertig, wenn das Stäbchen sauber bleibt.

Pflaumen-Pâté de Fruit

Zum Rohessen sind die kleinen dunkelblauen Haferpflaumen (eine Wildpflaume) zu bitter. Kocht man sie aber mit etwas Zucker, schmecken sie einfach unvergleichlich. So esse ich sie eigentlich am liebsten. Oder ich verwende sie für eine Pie oder einen Streuselkuchen. Weil ich aber auch ein großer Fan von Fruchtgelees bin, probiere ich immer wieder neue Varianten mit den verschiedensten Früchten, wie hier mit der Haferpflaume, aus. Das Püree kann man bereits im Voraus herstellen und portionsweise einfrieren. Auf diese Weise haben Sie noch etwas von Ihren Lieblingsfrüchten, wenn die Saison schon längst vorbei ist.

Ergibt etwa 40 Stück

Sonnenblumenöl zum Einfetten
600 g Haferpflaumen, gewaschen
1–2 EL Zitronensaft
400 g Zucker
12 g Pektinpulver
150 g Kristallzucker

Benötigte Utensilien

eine quadratische Backform mit 20 cm Seitenlänge

Die Backform leicht mit dem Sonnenblumenöl einfetten und mit Frischhaltefolie auskleiden.

Die Pflaumen mit dem Zitronensaft und 2–3 Esslöffeln Zucker in einen großen Topf geben und zugedeckt etwa 20 Minuten bei geringer Hitze köcheln lassen, bis sie zerfallen und sehr weich sind. Dabei von Zeit zu Zeit umrühren. Die Früchte durch ein feinmaschiges Nylonsieb in eine Schüssel passieren und dabei gut ausdrücken (zum Schluss sollten nur noch die Schalen und die Kerne im Sieb sein). Den Topf ausspülen, das Püree darin aufkochen und 2 Minuten köcheln lassen, bis es etwas eingedickt ist.

In einer Schüssel den restlichen Zucker gut mit dem Pektin mischen, zum Pflaumenpüree geben und so lange mit einem Kochlöffel rühren, bis sich der Zucker aufgelöst hat. Die Mischung bei mittlerer Hitze unter häufigem Rühren köcheln lassen, bis sie eingedickt ist. Um zu prüfen, ob sie die richtige Konsistenz hat, 1 Teelöffel voll in eine kleine Schüssel mit Eiswasser geben. Die Konsistenz ist richtig, wenn sich das Püree sofort zu einer Kugel formt. Das Püree andernfalls weiterkochen lassen und den Test alle paar Minuten wiederholen.

Das Püree in die Form füllen, glatt streichen und an einem kühlen Platz vollständig abkühlen lassen. Anschließend mit Frischhaltefolie abdecken und – möglichst über Nacht – fest werden lassen.

Am folgenden Tag den Kristallzucker gleichmäßig auf einem Backblech verteilen. Die Fruchtpaste vorsichtig auf den Zucker stürzen, die Folie abziehen und die Paste mit einem Messer, das Sie zuvor erhitzt oder leicht eingefettet haben, in 1,5–2 cm große Würfel schneiden. Die Würfel im Zucker wenden, damit sie nicht zusammenkleben.

Die Würfel 30–60 Minuten trocknen lassen, den überschüssigen Zucker danach abklopfen und die Würfel in dekorative Dosen füllen. Dabei zwischen die einzelnen Schichten jeweils ein Stück Wachspapier legen.

Cheesecake auf New Yorker Art mit gerösteten Pflaumen

Dieser Cheesecake schmeckt am besten, wenn man ihn bereits am Vortag bäckt. Außerdem lässt er sich dann leichter schneiden. Die Pflaumen mit ihrer fruchtigen Säure sind eine ideale Ergänzung zu diesem gehaltvollen, sahnigen Kuchen.

Für 8 Personen

150 g Butterkekse, Ingwerkekse oder Amaretti

50 g Butter, zerlassen, plus Butter für die Form

600 g Frischkäse (Doppelrahmstufe)

3 grosse Eier

300 ml saure Sahne

150 g Zucker

1 EL Maisstärke

1 TL Vanilleextrakt

Saft und abgeriebene Schale von 1 unbehandelten Zitrone

100 g griechischer Joghurt

Geröstete Pflaumen (siehe Seite 128) zum Servieren

Benötigte Utensilien

eine Springform (Ø 20 cm)

Den Backofen auf 170 °C (Umluft 150 °C) vorheizen. Die Form mit Butter einfetten und den Boden mit Backpapier auslegen.

Nun die Kekse in einen Gefrierbeutel geben und mit dem Nudelholz fein zerkleinern (oder Sie machen das in der Küchenmaschine) und in einer Schüssel mit der Butter vermengen. Die Mischung gleichmäßig auf dem Boden der Form verteilen und dabei gut andrücken. Den Boden anschließend 5 Minuten auf der mittleren Einschubleiste des Backofens backen.

Inzwischen den Frischkäse in der Küchenmaschine mit den Eiern, der Hälfte der sauren Sahne, 100 g Zucker und der Maisstärke glatt rühren. Die Wände der Rührschüssel dabei immer wieder mit einem Teigschaber säubern. Zum Schluss den Vanilleextrakt, den Zitronensaft und den Abrieb der Zitronenschale unterrühren.

Die Form aus dem Ofen nehmen, die Käsecreme auf dem Boden verteilen. Dann die Form auf ein Backblech stellen und den Kuchen etwa 35 Minuten auf der mittleren Schiene backen, bis die Käsecreme fast fest ist. Anschließend den Kuchen aus dem Ofen nehmen und 10 Minuten lang ruhen lassen. Den Ofen nicht ausschalten.

Die restliche saure Sahne kräftig mit dem Joghurt und dem restlichen Zucker verrühren. Die Mischung auf der Käsecreme verteilen und den Kuchen nochmals für 10 Minuten in den Ofen schieben. Danach sollte die Creme fest sein, aber keine Farbe angenommen haben. Den Kuchen vollständig auskühlen lassen und anschließend in den Kühlschrank stellen.

Abschließend den Cheesecake in Stücke schneiden und mit den gerösteten Pflaumen servieren.

Gebackene Aprikosen mit Vanille und Thymian

Kaum ist die Aprikosensaison gekommen, ist sie auch schon wieder vorbei. Nutzen Sie sie also in vollen Zügen aus! Die Früchte, die in den Supermärkten angeboten werden, sind häufig nicht ganz reif und schmecken roh ziemlich fade. Da kann man mit etwas Hitze und etwas Süße Abhilfe schaffen. Denn auch diese Früchte entfalten beim Kochen oder Backen ihr volles Aroma und werden schön saftig. Ein köstliches und absolut einfaches Beispiel dafür ist dieses Gericht, das man am besten warm mit einer ordentlichen Portion Sahne genießt. Sie können sich die Aprikosen aber auch mit Naturjoghurt zum Frühstück schmecken lassen. Mit den Mengen und Zutaten müssen Sie es hier nicht so genau nehmen. Verwenden Sie einfach ein bisschen mehr Honig, wenn Ihnen danach ist, oder vielleicht noch eine Zimtstange, und mit einer Handvoll gerösteter Mandelblättchen oder Pinienkernen bekommt das Ganze noch etwas Biss.

Für 3–4 Personen

10–12 reife Aprikosen

4 Streifen unbehandelte Zitronenschale

Saft von ½ Zitrone

1 Vanilleschote

3 Zweige Thymian

2–3 EL klarer Honig

eisgekühlte Sahne zum Servieren

Den Backofen auf 190 °C (Umluft 170 °C) vorheizen.

Die Aprikosen waschen, trocken tupfen, halbieren und die Kerne entfernen. Die Früchte mit der Schnittfläche nach oben in einer Schicht in einer Keramikauflaufform verteilen. Dann die Zitronenschalen dazwischen verteilen und den Zitronensaft darüberträufeln. Die Vanilleschote mit einem spitzen Messer der Länge nach aufschlitzen und mit den Thymianzweigen um die Aprikosen verteilen. Das Ganze zum Schluss mit Honig und 2 Esslöffeln kaltem Wasser beträufeln.

Die Aprikosen 20–25 Minuten auf der mittleren Einschubleiste des Backofens backen, bis sie weich sind. Die Früchte nach der Hälfte der Zeit mit dem Saft begießen, den sie abgeben. Die Backzeit kann je nach Größe und Reife der Aprikosen variieren. Deshalb sollten Sie nach 15 Minuten schon einmal einen prüfenden Blick in den Ofen werfen, damit die Früchte nicht zerfallen und matschig werden.

Die Aprikosen warm mit eisgekühlter Sahne servieren.

Aprikosentarte mit Vanillecreme

Saftige Aprikosen, eingebettet in eine süße Vanillecreme und das Ganze umschlossen von einem knusprigen Teig – diese Tarte ist wie geschaffen für ein sommerliches Mittagessen im Garten. Sollten Ihre Früchte nicht ganz so perfekt sein, empfehle ich Ihnen, sie vorher zu zuckern. So entfalten auch nicht ganz makellose Früchte ihren vollen Geschmack. Die Aprikosentarte genießt man am besten frisch, mit Lavendel dekoriert und mit Crème fraîche oder Vanilleeis.

Für 8 Personen

Für den Teig

150 g Mehl (Type 405) plus Mehl zum Ausstäuben

75 g gemahlene Mandeln

50 g Zucker

125 g kalte Butter, in Würfel geschnitten

1 kräftige Prise Meersalz

½ EL Eiswasser

1 TL Zitronensaft oder Cidre-Essig

1 mittelgrosses Eigelb, verquirlt

Für den Belag

750–1000 g Aprikosen, gewaschen, trocken getupft, geviertelt und entsteint

1 Vanilleschote oder 1 TL Vanillepaste

250 g Crème fraîche

1 mittelgrosses Ei

2 mittelgrosse Eigelb

115 g Zucker

50 g Mandelblättchen

Puderzucker zum Bestäuben

Benötigte Utensilien

eine Tarteform (4 cm hoch, Ø 22 cm)

Für den Teig das Mehl in der Küchenmaschine kurz mit den gemahlenen Mandeln, dem Zucker, der Butter und dem Salz verrühren (es sollten noch Spuren der Butter erkennbar sein). Den Teig in eine Schüssel geben und in der Mitte eine Vertiefung hineindrücken. Das Eiswasser mit dem Zitronensaft verrühren und mit dem Eigelb in die Mulde gießen. Die Zutaten zunächst mit einem Palettenmesser und dann kurz mit den Händen zu einem homogenen Teig verarbeiten und diesen zu einer Kugel formen. Den Teig dabei nicht zu stark durchkneten. Zu einer Scheibe flach drücken, in Frischhaltefolie verpacken und einige Stunden im Kühlschrank ruhen lassen.

Den Teig auf der leicht bemehlten Arbeitsfläche zu einem Kreis ausrollen (er sollte mindestens 4 cm größer sein als die Form), vorsichtig um das Nudelholz wickeln und in die Form gleiten lassen. Den Teig an den Seiten gut andrücken, überschüssigen Teig mit einem scharfen Messer abschneiden und den Boden mehrfach mit einer Gabel einstechen. Die Form anschließend 20 Minuten in den Kühlschrank stellen. Inzwischen den Backofen auf 190 °C (Umluft 170 °C) vorheizen, ein Backblech auf der mittleren Schiene einschieben.

Die Aprikosenviertel mit der Schnittfläche nach oben in konzentrischen Kreisen auf dem Boden verteilen. Die Vanilleschote der Länge nach aufschlitzen, das Mark mit einem spitzen Messer über einer Schüssel herauskratzen und mit der Crème fraîche, dem Ei, den Eigelben und dem Zucker glatt rühren. Die Creme langsam zwischen und um die Aprikosen gießen und das Ganze zum Schluss mit den Mandelblättchen bestreuen. Die Tarte auf das heiße Blech stellen und etwa 1 Stunde backen, bis die Aprikosen an den Rändern leicht gebräunt sind, der Teig goldbraun und die Creme gestockt ist. Danach die Tarte zimmerwarm, leicht mit Puderzucker bestäubt, servieren.

Bunter Salat mit Pfirsichen, Büffelmozzarella und Pistazienpesto

Die Idee zu diesem Salat kam mir beim Bummel über einen italienischen Markt, wo mich die reifen Pfirsiche, die pfeffrige Rucola und die prallen, leuchtend roten Tomaten geradezu anlachten. Wie bei allen einfachen Salaten gilt auch hier: Die Zutaten müssen von bester Qualität und wirklich reif sein. Warten Sie deshalb mit diesem Salat bis zum Hochsommer, wenn es auf dem Markt saftige Pfirsiche und sonnengereifte Tomaten gibt. Vielleicht probieren Sie auch mal eine der alten Tomatensorten, die jetzt wieder im Trend (und in vielen Supermärkten) liegen. Und sollten Sie zu Hause nicht fündig werden, wäre dies ja vielleicht ein Grund mehr für eine Italienreise ...

Für 4 Personen

4 reife Pfirsiche, gewaschen und trocken getupft

½ Salatgurke

6 Tomaten (möglichst farblich gemischt)

1 große Handvoll Rucola

2 Kugeln Büffelmozzarella à 125 g

1 Handvoll rotes Basilikum

3 EL gereifter Balsamico-Essig

3 EL Olivenöl extra vergine

frisch gemahlener schwarzer Pfeffer

Für das Pesto

50 g ungesalzene Pistazienkerne, leicht geröstet

1 Knoblauchzehe, geschält

30 g glatte Petersilie

1 Spritzer Zitronensaft

100 ml Olivenöl extra vergine oder Pistazienöl

Salz und frisch gemahlener schwarzer Pfeffer

Für das Pesto die Pistazien in der Küchenmaschine fein hacken. Den Knoblauch und die Petersilie dazugeben und ebenfalls hacken. Dann den Zitronensaft und die Hälfte des Öls hinzufügen, kräftig mit Salz und Pfeffer würzen und alles zu einer relativ glatten Paste verrühren. Das restliche Öl unterrühren und anschließend das Pesto 30 Minuten ruhen lassen, damit sich der Geschmack entfalten kann. Danach noch einmal abschmecken.

Die Pfirsiche halbieren, die Steine entfernen und das Fruchtfleisch in Spalten schneiden. Die halbe Salatgurke und die Tomaten in Scheiben schneiden. Die Rucola auf vier Teller verteilen und die Pfirsiche mit den Gurken und den Tomatenscheiben darauf anrichten. Den Mozzarella in Stücke reißen und ebenfalls auf die Teller verteilen. Dann den Salat mit dem Pesto beträufeln und mit dem Basilikum bestreuen. Zum Schluss noch etwas Balsamico-Essig und Olivenöl darüberträufeln und die Salate mit dem schwarzen Pfeffer übermahlen.

Pfirsich-Shrub

Ein Shrub ist ein Sirup, der mit Essig oder Alkohol, meist Rum oder Brandy, angesetzt wird, in den Früchte eingelegt werden. Bei diesem Rezept habe ich mich für Essig entschieden. Überblättern Sie das Rezept jetzt bitte nicht gleich, weil es Sie beim Gedanken an einen auf Essigbasis hergestellten Sirup schaudert. Als ich das Rezept ausprobiert habe, waren die meisten, die ich darum bat, es zu probieren, zunächst ebenfalls skeptisch. Doch was sie entdeckten, war ein Sirup mit einem erstaunlich reinen Geschmack, dem der Essig lediglich eine leicht säuerliche Note verleiht.

Die mit Essig hergestellten Shrubs stammen aus der Zeit der Besiedlung Amerikas, wo man damit Früchte haltbar machte. Der Essig fungierte dabei als Konservierungsmittel. Sie kamen jedoch aus der Mode, als überall industriell hergestellte Sirupe angeboten und der Kühlschrank erfunden wurde. Inzwischen erleben die Shrubs eine Renaissance. Mit Mineralwasser verdünnt und ein paar Eiswürfeln werden daraus köstliche Erfrischungsgetränke, oder man stellt daraus – mit einem guten Bourbon, Wodka oder Gin, die mit Dry Ginger Ale, Tonic- oder Sodawasser aufgegossen werden – leckere Cocktails her.

ERGIBT EINE 500-ML-FLASCHE

6 REIFE GELBFLEISCHIGE PFIRSICHE, GEWASCHEN

350 G ZUCKER

300 ML WEISSER BALSAMICO-ESSIG

Benötigte Utensilien

EIN GROSSES EINMACHGLAS

EIN FEINMASCHIGES NYLONSIEB

EIN STÜCK GAZE

EINE 500-ML-FLASCHE MIT SCHRAUBVERSCHLUSS

Die Pfirsiche halbieren, die Steine entfernen und das Fruchtfleisch über einer Keramikschüssel oder einem großen Einmachglas in dünne Spalten schneiden. Den Zucker darüberstreuen und alles gut durchmischen. Die Früchte 2 Tage zugedeckt in den Kühlschrank stellen und zweimal täglich umrühren, bis sie sehr weich sind und viel Saft abgegeben haben. Sie werden staunen, wie viel da zusammenkommt!

Den Essig darübergießen, das Ganze für 1 weiteren Tag zugedeckt in den Kühlschrank stellen und zweimal umrühren.

Das Nylonsieb über einer Schüssel einhängen, die Pfirsiche mit dem Saft in das Sieb abgießen und einige Stunden abtropfen lassen. Die Früchte dabei weder pressen noch anderweitig berühren, sonst wird der Shrub trüb. Die Flüssigkeit anschließend durch ein mit Gaze ausgelegtes Sieb seihen und in die sterilisierte Flasche (siehe Seite 132) füllen. Der Shrub kann bis zu 1 Monat im Kühlschrank aufbewahrt werden.

Um in den Genuss des vollen Fruchtgeschmacks zu kommen, sollte man für den Shrub nur wirklich reife Früchte verwenden. Bei nicht voll ausgereiften Früchten ist der Geschmack weniger ausgeprägt, und sie sind weniger saftig. Habe ich zufällig gerade verschiedene Pfirsichsorten in meiner Obstschale, mische ich sie – und gebe eventuell noch eine Handvoll Himbeeren oder ein paar Scheiben frischen Ingwer dazu. Auch hier spielt der Essig eine entscheidende Rolle. Ich habe auch schon mit Cidre- und Weißweinessig experimentiert, bin aber zu dem Ergebnis gekommen, dass ich weißen Balsamico bevorzuge. Er hat eine weichere, weniger saure Essignote und ist inzwischen in jedem größeren Supermarkt erhältlich.

Pfirsich-Zabaione-Eis mit karamellisiertem Honig und Pistazienhippen

Ob mit gezuckerten Erdbeeren oder mit Pfirsichen – die Zabaione gehört zu meinen absoluten Lieblingsdesserts. Diese luftige Creme aus Eiern, Zucker und Marsala schmeckt einfach himmlisch. Manchmal hebe ich unter die erkaltete Zabaione noch leicht geschlagene Sahne. Genauso gern wie eine Zabaione esse ich Eiscreme und Pfirsiche. Deshalb habe ich all meine Favoriten in diesem Rezept kombiniert. Genau genommen ist dies natürlich keine Zabaione, sondern Eiscreme. Aber sie enthält alle wichtigen Zutaten – und noch ein paar Extras. Der Honig mach das Eis cremiger und bringt den Geschmack der Pfirsiche – die selbstverständlich auch für dieses Rezept schön reif und saftig sein sollten – besonders gut zur Geltung. Um auch die Eiweiße zu verwerten, die man für die Eiscreme nicht benötigt, habe ich daraus Hippen gemacht, die Sie dazu reichen können. Sie schmecken zwar am besten frisch, können aber auch einige Tage in einer luftdicht verschlossenen Dose aufbewahrt und bei geringer Hitze im Ofen aufgebacken werden.

Für 6 Personen

Für die Eiscreme

4 grosse, reife gelbfleischige Pfirsiche

125 g klarer, aromatischer Honig

Saft von ½ Zitrone

175 ml Vollmilch

300 ml Sahne

½ Vanilleschote, der Länge nach aufgeschlitzt

4 mittelgrosse Eigelb

75 g Zucker

2–3 EL Marsala

1 kleine Prise Salz

Für die Pistazienhippen

50 g ungesalzene Pistazienkerne

125 g Zucker

75 g Butter, zerlassen und etwas abgekühlt

60 g Mehl (Type 405)

3 mittelgrosse Eiweiss

1 Prise Salz

½ TL Vanilleextrakt

Benötigte Utensilien

eine Eismaschine

eine Gefrierdose

Die Pfirsiche am Stielansatz kreuzweise einschneiden, in eine Schüssel legen, mit kochendem Wasser bedecken und 30 Sekunden ruhen lassen. Unter fließendem kaltem Wasser abschrecken und die Schale mit einem Messer abziehen. Die Früchte vierteln, ihre Steine entfernen und das Fruchtfleisch in Spalten schneiden.

Den Honig in einem mittelgroßen Topf bei geringer bis mittlerer Hitze zum Kochen bringen und so lange köcheln lassen, bis er etwa um die Hälfte reduziert ist und ein goldgelber Karamell entsteht. Die Pfirsiche und den Zitronensaft hinzufügen, gut umrühren und die Früchte unter häufigem Rühren kochen lassen, bis sie zerfallen. Die Pfirsiche anschließend mit dem Stabmixer zu einem glatten Püree verrühren.

In einem mittelgroßen Topf mit schwerem Boden die Milch mit der Hälfte der Sahne und der Vanilleschote langsam aufkochen lassen. Den Topf danach sofort vom Herd nehmen und die Mischung 10 Minuten ziehen lassen.

Die Eigelbe und den Zucker mit dem Handmixer cremig aufschlagen. Den Marsala und das Salz einrühren. Die Milch noch einmal erhitzen, über die Eigelbmischung gießen und das Ganze glatt rühren. In den Topf zurückgießen und bei geringer Hitze unter Rühren erhitzen (aber keinesfalls zum Kochen kommen lassen), bis die Mischung eingedickt ist (sie sollte so dick sein, dass sie an einem Löffelrücken haften bleibt).

Den Topf vom Herd nehmen, die restliche Sahne und das Pfirsichpüree einrühren, die Creme durch ein Sieb in eine Schüssel passieren und vollständig abkühlen lassen. Anschließend zugedeckt mindestens 2 Stunden, besser noch über Nacht, in den Kühlschrank stellen. Anschließend in der Eismaschine gefrieren lassen, in die Gefrierdose füllen und in das Gefriergerät stellen.

Für die Hippen die Pistazien in der Küchenmaschine relativ fein mahlen und mit dem Zucker, der Butter und dem Mehl mischen.

Die Eiweiße mit dem Salz steif schlagen, bis sich weiche Spitzen bilden. Den Vanilleextrakt einrühren und die Pistazienmischung mit einem großen Metalllöffel kurz unterziehen. Den Teig mit Frischhaltefolie abdecken und 1 Stunde in den Kühlschrank stellen.

Nun den Backofen auf 150 °C (Umluft 130 °C) vorheizen und zwei Backbleche mit Backpapier auslegen. Auf jedes Blech 4 Teelöffel Teig setzen und zu dünnen, 10–12 cm großen Kreisen verstreichen. Die Hippen anschließend 10–12 Minuten auf der mittleren Schiene backen, bis sie am Rand eine goldbraune Farbe annehmen. Die Hippen mit einer Palette rasch vom Blech heben und um einen Kochlöffelstiel wickeln oder um das Nudelholz legen. Da sie sehr schnell hart werden, immer nur wenige Hippen auf einmal backen und mit dem restlichen Teig ebenso verfahren.

Pochierte Pfirsiche mit Vanille und Zitronenverbene

Für dieses Rezept können Sie sowohl weiß- als auch gelbfleischige Pfirsiche nehmen. Ich persönlich bevorzuge die weißfleischigen Früchte mit dem leichten Anflug von Rot. Als Farbkontrast können Sie nach dem Pochieren noch eine Handvoll Himbeeren oder Rote Johannisbeeren zu den Pfirsichen geben.

Für 6 Personen

100 g Zucker

2 Streifen unbehandelte Zitronenschale

2 Streifen unbehandelte Orangenschale

Saft von ½ Zitrone

450 ml Süsswein (z.B. Muskateller oder Lillet Rosé)

1 Vanilleschote, der Länge nach aufgeschlitzt

1 grosser Zweig Zitronenverbene

6 reife Pfirsiche

1 Handvoll Himbeeren oder Rote Johannisbeeren (nach Belieben)

Den Zucker mit den Zitrusschalen, dem Zitronensaft, dem Süßwein, der Vanilleschote, der Zitronenverbene und 450 ml kaltem Wasser in eine hohe Sautierpfanne geben und das Ganze langsam zum Kochen bringen. Sobald sich der Zucker aufgelöst hat, die Wärmezufuhr verringern, bis der Sirup nur noch leicht köchelt.

Die Pfirsiche am Stielansatz kreuzweise einschneiden, in eine Schüssel legen, mit kochendem Wasser bedecken und 30-60 Sekunden ruhen lassen. Unter fließendem kaltem Wasser abschrecken und die Schale vorsichtig abziehen.

Die Früchte mit dem Schaumlöffel vorsichtig in den köchelnden Sirup geben, den Topf mit Backpapier abdecken und die Pfirsiche etwa 15 Minuten (die Kochzeit kann je nach Reife der Früchte variieren) pochieren. Um zu prüfen, ob sie weich sind, mit der Spitze eines kleinen scharfen Messers hineinstechen.

Die Pfirsiche mit dem Schaumlöffel aus dem Topf heben und in eine Schüssel legen. Die Wärmezufuhr erhöhen und den Sirup um ein Drittel reduzieren. Durch ein Sieb über die Pfirsiche seihen, nach Belieben noch 1 Handvoll Himbeeren oder Rote Johannisbeeren dazugeben und das Ganze abkühlen lassen.

Tropische Früchte

Auch wenn es mich sehr gereizt hätte, die Vielfalt der tropischen Früchte voll auszuschöpfen und hier auch Köstlichkeiten wie die Tamarillo oder die Guave einzubeziehen, so habe ich mich dann doch lieber auf die Exoten beschränkt, die auch in unseren Breiten relativ problemlos zu bekommen sind.

Abgesehen von der (beispielsweise auch in Kalifornien wachsenden) Kaki und den (sich auch in südeuropäischen Ländern wohlfühlenden) Melonen gedeihen die exotischen Früchte überwiegend in der südlichen Hemisphäre, deren wärmeres, feuchteres Klima sie bevorzugen.

Bei fast allen tropischen Früchten wird das süße, zarte Fruchtfleisch durch eine dicke und – man denke nur an die Kokosnuss oder die Ananas – mitunter extrem harte Schale geschützt. Oft ist es gar nicht so einfach, festzustellen, ob die Früchte reif sind. Deshalb rieche ich, etwa wenn ich Melonen kaufe, am Stielansatz. Ist die Frucht reif, verströmt sie einen süßlich-aromatischen »melonigen« Geruch.

Die wahrscheinlich einzige Frucht, die ich in nicht ganz reifem Zustand verarbeite, ist die Papaya, und das auch nur für den berühmten Salat aus grünen Papayas, einen Klassiker, den man in der einen oder anderen Form in ganz Südostasien findet. Grüne Papayas bekommen Sie am ehesten in Asiamärkten.

Falls Sie schon einmal in tropischen Ländern waren, haben Sie vielleicht noch immer den herrlichen Duft der Mangos, Bananen und Papayas in der Nase – ein Duft, der uns in Nordeuropa leider vorenthalten bleibt, weil wir aufgrund der langen Transportwege nicht in den Genuss vollreif gepflückter Früchte kommen.

Indien ist der weltgrößte Erzeuger von Mangos, die allerdings nur zu einem kleinen Teil für den Export bestimmt sind. Zum Glück für uns werden vorzügliche Mangos aber aus anderen Ländern exportiert, von Brasilien bis Thailand. Die Früchte variieren stark in Farbe, Größe und Süße. Die besten Sorten haben ein leuchtend gelbes, butterweiches Fruchtfleisch.

Salat von grüner Papaya mit knusprig gebratenen Rindfleischstreifen

Wie eingangs schon erwähnt, sind grüne Papayas große, nicht voll ausgereifte Papayas, die in der thailändischen und vietnamesischen Küche vorzugsweise als erfrischender Salat zubereitet werden. Für die Beilage habe ich mich vom knusprig gebratenen Rindfleisch inspirieren lassen, wie es in vietnamesischen Restaurants serviert wird. Genießen Sie diesen Salat, den Sie noch mit halbierten Cocktailtomaten und/oder blanchierten grünen Bohnen anreichern können, als Vorspeise oder leichtes Mittagessen. Grüne Papayas, Thai-Basilikum und knusprig frittierte Schalotten bekommen Sie in guten asiatischen Lebensmittelgeschäften. Und sollte etwas Fleisch übrig bleiben, können Sie die Reste bis zu einer Woche im Kühlschrank aufbewahren und mit gebratenen Nudeln oder Reis servieren.

Für 4 Personen

Für das Rindfleisch

1 Stück (500 g) Kronfleisch vom Rind

1 EL dunkle Sojasauce

2 EL helle Sojasauce

1 gehäufter EL Palm- oder Demerarazucker

1 Stängel Zitronengras, die äusseren Schichten entfernt

2 Knoblauchzehen, in Scheiben geschnitten

1 Stück (3 cm) frischer Ingwer, in feine Streifen geschnitten

1 grosse rote Chilischote, in Ringe geschnitten

Zum Braten

2 Knoblauchzehen, grob gehackt

1 Stück (4 cm) frischer Ingwer, grob gehackt

2 Teelöffel Palm- oder Demerarazucker

1 TL gemahlener Koriander

1 kräftige Prise gemahlener Kreuzkümmel

4 EL Kokosmilch

1 Prise Salz

2 EL Sonnenblumenöl

4 EL Tamarindenpaste

Zitronensaft

Für den Salat

1 mittelgrosse grüne Papaya

1 rote Zwiebel, in feine Ringe geschnitten

1 grosse Handvoll Sojasprossen, abgespült

1 Knoblauchzehe, geschält

2 rote Bird's-Eye-Chilis, grob gehackt

1 Stängel Zitronengras, die äusseren Schichten entfernt und das Innere in Scheiben geschnitten

2–3 TL Palm- oder Demerarazucker

2–3 EL Fischsauce

Saft von 2 Limetten

1 Handvoll Thai-Basilikum oder Minze, die Blätter abgezupft und in Stücke gerissen

1 Handvoll Korianderblätter

2 EL knusprig frittierte asiatische Schalotten (nach Belieben)

2 EL grob gehackte gesalzene Erdnüsse

Den Backofen auf 180 °C (Umluft 160 °C) vorheizen. Das Fleisch in einen ofenfesten Topf mit fest schließendem Deckel legen. Die Sojasaucen mit dem Zucker verrühren und über das Fleisch gießen. Das Zitronengras mit dem Rücken eines Messers zerdrücken, halbieren und mit dem Knoblauch, dem Ingwer und der Chilischote in den Topf geben. Das Ganze mit den Händen durchmischen, das Fleisch mit kaltem Wasser bedecken und bei halb geöffnetem Deckel langsam zum Kochen bringen. Den Deckel schließen und das Fleisch 1 Stunde in den Backofen schieben, bis es sehr weich ist und sich mühelos zerpflücken lässt. In der Brühe abkühlen lassen, anschließend aus dem Topf nehmen, abtropfen lassen und einige Stunden oder über Nacht in den Kühlschrank stellen.

Das Fleisch mit den Fingern in lange Streifen zerpflücken und in eine große Schüssel füllen. Knoblauch, Ingwer, Zucker und Gewürze im Mörser zu einer glatten Paste zermahlen und mit der Kokosmilch und dem Salz zum Fleisch geben. Das Ganze mit sauberen Händen sorgfältig vermengen.

Das Öl in einer großen Pfanne erhitzen und das Fleisch bei geringer bis mittlerer Hitze unter häufigem Rühren braten, bis es trocken und knusprig ist (das dauert gute 20 Minuten). Die Tamarindenpaste und den Limettensaft hinzufügen, das Ganze noch 1 Minute braten und danach abkühlen lassen.

Die Papaya schälen, der Länge nach halbieren und die Kerne entfernen. Das Fruchtfleisch mit einem scharfen Messer oder mit dem Gemüsehobel in Julienne-Streifen schneiden und mit der Zwiebel und den Sojasprossen in eine Schüssel füllen. Den Knoblauch mit den Chilischoten, dem Zitronengras und dem Zucker im Mörser zerdrücken. Die Fischsauce und den Limettensaft unterrühren, noch einmal abschmecken. Den Salat damit übergießen, die Kräuter darüberstreuen und alles gut durchmischen. Nun den Salat auf vier Teller verteilen, mit den frittierten Schalotten und den Erdnüssen bestreuen und sofort mit dem Rindfleisch servieren.

NONTRON

Mango-Chili-Sauce

Diese Sauce eignet sich hervorragend als Dip für frittierte Kartoffelspalten und Pommes frites, sie schmeckt aber auch vorzüglich zu Grillwürsten und Hamburgern. Ich verwende sie sogar regelmäßig anstelle von Tomatenketchup. Ich bevorzuge die größeren, mittelscharfen roten Chilischoten. Wenn Sie es gerne scharf mögen, fügen Sie ruhig noch ein paar Bird's-Eye-Chilis hinzu. Bedenken Sie dabei aber, dass man die Sauce noch essen können sollte, ohne Schweißausbrüche zu bekommen und ohne dass es Gästen den Atem verschlägt.

Ergibt 2–3 Gläser à 450 g

400 g grosse, mittelscharfe rote Chilischoten

5 grosse Knoblauchzehen, grob gehackt

50 g frischer Ingwer, grob gehackt

1 dicker oder 2 dünne Stängel Zitronengras, die harten äusseren Blätter entfernt und das Innere in Scheiben geschnitten

250 ml Cidre- oder Reisessig

200–225 g Demerarazucker

2 Sternanis

1 TL Meersalzflocken

4 grosse Mangos

2 TL Fischsauce

Saft von 1 Limette

Benötigte Utensilien

2–3 Schraubgläser à 450 g Fassungsvermögen

Die Stiele der Chilischoten entfernen, die Schoten der Länge nach halbieren und – mit den Samen – grob hacken. Anschließend in der Küchenmaschine mit Knoblauch, Ingwer und Zitronengras fein hacken. Die Mischung in einen großen Edelstahltopf füllen. Die Messer und die Schüssel der Küchenmaschine sofort säubern, damit die Chilischoten keine Spuren hinterlassen.

Den Essig, den Zucker, den Sternanis und die Meersalzflocken zur Chilimischung geben und das Ganze bei mittlerer Hitze zum Köcheln bringen. Dabei häufig umrühren, damit sich der Zucker auflöst. Die Mischung anschließend 5–10 Minuten kochen lassen.

Inzwischen das Mangofruchtfleisch zu beiden Seiten des Kerns jeweils in einem Stück abschneiden (dabei ganz dicht am Kern schneiden). Das Fruchtfleisch der beiden Hälften mit der Messerspitze rautenförmig einschneiden und die so entstandenen Würfel nach außen stülpen und von der Schale schneiden. Das restliche Fruchtfleisch vom Stein schneiden und alles mit der Fischsauce und dem Limettensaft in den Topf geben, gut umrühren und das Ganze etwa 40 Minuten lang kochen lassen, bis das Fruchtfleisch sehr weich ist und die Sauce die Konsistenz von Tomatenketchup annimmt. Schalten Sie dabei am besten die Dunstabzugshaube ein, damit die Chilidämpfe nicht durch die Küche ziehen.

Die Sauce einige Minuten abkühlen lassen, danach in der Küchenmaschine, im Mixer oder mit dem Stabmixer glatt rühren und zum Schluss durch ein feinmaschiges Nylonsieb passieren. In die warmen sterilisierten Gläser (siehe Seite 132) füllen und verschließen. Die Gläser, sobald die Sauce vollständig ausgekühlt ist, mit Etiketten versehen und im Kühlschrank aufbewahren. Hält – verschlossen – bis zu 3 Monate.

Gebratene Ananas mit Chili

Als ich dieses Rezept zum ersten Mal ausprobierte, habe ich die ganze Ananas, kaum hatte ich sie aus dem Ofen geholt, gierig mit den Fingern verschlungen. Der intensive Ananasduft ließ mir das Wasser im Munde zusammenlaufen, und ich konnte nicht einmal abwarten, bis sie etwas abgekühlt war. Die Chilischote verleiht der Ananas und dem Sirup eine leichte, angenehme Schärfe, und der braune Rum – den Sie natürlich weglassen, wenn Kinder mitessen – rundet das Ganze ab.

Für 4–6 Personen

1 grosse reife Ananas

1 grosse mittelscharfe rote Chilischote, in Ringe geschnitten

1 Stück (5 cm) frischer Ingwer, in Scheiben geschnitten

1 Sternanis

1 kleine Zimtstange

4 EL heller Muscovado-Zucker

1 Prise Meersalzflocken

Saft von 1 grossen saftigen Limette

3 Passionsfrüchte, halbiert

2 EL brauner Rum (nach Belieben)

Eine Ananas so zuzubereiten, mag zunächst nach einer schwierigen Angelegenheit klingen. Tatsächlich ist dies jedoch eine hervorragende Methode, wie man sie in ganz Südostasien an den Straßenständen anwendet. Ich habe sie von Lizzie Mabbott gelernt, einer Kollegin und absoluten Expertin in Sachen asiatische Küche. Seit ich diese Methode beherrsche, erspare ich mir regelmäßig das mühselige Herauspulen der »Augen«.

Ein Backblech mit Backpapier oder Alufolie auslegen. Die Blätter und den Stielansatz der Ananas abschneiden. Dann die Frucht aufrecht hinstellen und die Schale mit einem langen, scharfen Messer in Streifen herunterschneiden. Sehen Sie sich die Ananas nun genau an. Sie werden feststellen, dass sich die »Augen« von oben nach unten spiralförmig rund um die Frucht ziehen. Nehmen Sie jetzt – von oben beginnend – ein Auge, das Ihnen als Ausgangspunkt dient, in den Blick, schneiden das Fruchtfleisch mit einem kleineren scharfen Messer in einer diagonalen Linie von oben nach unten zu beiden Seiten der Augen keilförmig ein und trennen es – samt »Augen« – heraus. Die Ananas sollte danach eine saubere Fassform mit korkenzieherförmig verlaufenden Kerben haben.

Die Ananas von oben nach unten der Länge nach halbieren. Die Hälften nochmals der Länge nach halbieren, den Strunk herausschneiden und die Viertel ebenfalls halbieren, sodass Sie insgesamt acht Spalten erhalten. Die Spalten auf dem Blech verteilen, die Chilischote, den Ingwer, den Zucker, das Salz und die Gewürze darüberstreuen, alles vorsichtig mit den Händen durchmischen und die Ananas 20–30 Minuten ruhen lassen, damit sich der Zucker auflösen und die Frucht ihren Saft abgeben kann. Inzwischen den Backofen auf 200 °C (Umluft 180 °C) vorheizen.

Die Ananas etwa 10 Minuten in den Ofen schieben, bis sie weich und an den Rändern leicht gebräunt ist. Nach der Hälfte der Zeit die Spalten wenden, damit sie gleichmäßig garen und karamellisieren.

Das Blech aus dem Ofen nehmen und die Ananas sofort mit dem Limettensaft begießen. Die Kerne und den Saft der Passionsfrüchte darauf verteilen, den Rum darüberträufeln und die Spalten vorsichtig in der Flüssigkeit wenden, bis sie vollständig damit überzogen sind. Dann 5 Minuten lang abkühlen lassen und – am besten mit dem Kokoseis von Seite 168 – servieren.

Hummingbird-Torte

Eine vollreife, supersüße Ananas und Bananen, die bereits braune Flecken aufweisen, sind genau das Richtige, damit diese aus den US-amerikanischen Südstaaten stammende Torte schön saftig und schmackhaft wird. Zur Not kann man auch Ananas aus der Dose nehmen. Mit einer frischen Frucht schlagen Sie allerdings zwei Fliegen mit einer Klappe: Die Torte schmeckt nicht nur besser – die zweite Hälfte der Frucht können Sie auch gleich für die kandierten Ananasscheibchen verwenden. Der braune Zucker kann auch durch Kokosnusszucker ersetzt werden. Er hat, ebenso wie der Kokosnektar (in Reformhäusern oder über das Internet erhältlich), einen angenehmen Karamellgeschmack mit einer leichten Kokosnote und ist deshalb ideal für dieses Rezept.

Für 8–10 Personen

350 g Mehl (Type 405)
1 TL Backpulver
1 TL Backnatron
1 TL Zimt
¼ TL Lebkuchengewürz
1 Prise Salz
125 g Zucker
125 g Kokosnuss- oder Demerarazucker
250 g reifes Ananasfruchtfleisch (etwa ½ mittelgrosse Ananas)
2 grosse reife Bananen
75 ml Kokosöl oder 75 g Butter plus Butter für die Form
125 ml Sonnenblumenöl
3 mittelgrosse Eier, verquirlt
1 TL Vanilleextrakt
75 g Pekannüsse, gehackt
50 g Kokosraspel

Für die kandierte Ananas

50 g Zucker
Saft von ½ Limette
1 Stück (2 cm) frischer Ingwer, grob gehackt
2 EL brauner Rum
½ mittelgrosse Ananas

Für den Überzug

500 g Frischkäse (Doppelrahmstufe)
2 EL Kokosnektar oder klarer Honig
¼ TL Zimt
100 g Pekannüsse, fein gehackt
50 g Kokosspäne

Den Backofen auf 180 °C (Umluft 160 °C) vorheizen. Die Backformen mit Butter einfetten und die Böden mit Backpapier auslegen. Das Mehl mit dem Backpulver, dem Backnatron und den Gewürzen in eine große Rührschüssel sieben. Beide Zucker dazugeben, alles gut durchmischen und in der Mitte eine Vertiefung hineindrücken.

Die Ananas fein hacken und die Bananen zerdrücken. Das Kokosöl oder die Butter bei geringer Hitze in einem kleinen Topf zerlassen. Das Sonnenblumenöl unterrühren und die Mischung in die Mulde gießen. Die Eier und den Vanilleextrakt dazugeben und die Zutaten kräftig zu einem glatten Teig verrühren. Zum Schluss die Früchte, die Nüsse und die Kokosraspeln unterziehen.

Den Teig gleichmäßig auf die 3 Formen verteilen und 25–30 Minuten auf der mittleren Schiene des Backofens backen, bis er schön aufgegangen ist und eine goldbraune Farbe angenommen hat. Um die Garprobe zu machen, in der Mitte mit einem Holzstäbchen hineinstechen. Der Kuchen ist fertig, wenn das Stäbchen sauber bleibt. Jetzt 2–3 Minuten in den Formen abkühlen lassen, dann vorsichtig auf ein Kuchengitter stürzen und vollständig auskühlen lassen.

Für die kandierten Ananasscheibchen den Backofen auf 110 °C (Umluft 90 °C) herunterschalten und ein Backblech mit Backpapier auslegen. Sämtliche Zutaten – bis auf die Ananas – mit 25 ml Wasser bei geringer Hitze in einem kleinen Topf erhitzen, bis sich der Zucker aufgelöst hat. Den Sirup anschließend aufkochen, 30 Sekunden lang köcheln lassen und danach vom Herd nehmen.

Die Ananas schälen und das Fruchtfleisch mit einem langen, scharfen Messer oder dem Gemüsehobel in hauchdünne Scheiben schneiden. Die Scheiben einzeln in den Sirup tauchen, auf das Backblech legen und etwa 1 Stunde auf der mittleren Schiene backen, bis sie goldgelb und knusprig sind. Die Scheiben nach der Hälfte der Zeit wenden und nach dem Backen auf einem Kuchengitter abkühlen lassen.

Für den Überzug den Frischkäse mit dem Kokosnektar und dem Zimt aufschlagen, bis er glatt und cremig ist. Einen Kuchen auf eine Servier-

Benötigte Utensilien
3 Rundformen (Ø 20 cm)

platte legen und mit 2 Esslöffeln der Creme bestreichen. Den zweiten Kuchen auflegen und ebenfalls mit Creme bestreichen. Den dritten Kuchen daraufsetzen und mit einer Palette die gesamte Torte gleichmäßig mit der restlichen Creme überziehen. Die Seiten mit den Nüssen bestreuen und die Torte mit Kokosspänen und kandierten Ananasscheiben dekorieren.

Mango-Passionsfrucht-Kuchen

Dieser Kuchen bringt die Sonne auf Ihren Kaffeetisch. Aber auch hier gilt wieder: Achten Sie darauf, dass die Mangos schön reif und saftig sind. Das Schneiden erfordert bei reifen Früchten zwar ein wenig mehr Geschick als bei nicht ganz reifen, der Geschmack ist die Mühe aber in jedem Fall wert.

Für 8 Personen

275 g Zucker

225 g weiche Butter plus Butter für die Form

1 ½ TL Vanilleextrakt oder -paste

3 grosse Passionsfrüchte, halbiert

2 grosse oder 3 kleine reife Mangos

4 mittelgrosse Eier, verquirlt

225 g Mehl (Type 405)

2 TL Backpulver

1 Prise feines Meersalz

2 EL saure Sahne, raumtemperiert

Benötigte Utensilien

eine runde Kuchenform mit schwerem Boden (Ø 20 cm)

Den Backofen auf 180 °C (Umluft 160 °C) vorheizen und die Form mit Butter einfetten. In einem kleinen Topf 100 g Zucker bei geringer Hitze mit 2 Esslöffeln kaltem Wasser erhitzen, bis sich der Zucker aufgelöst hat. Zum Kochen bringen und so lange kochen lassen, bis ein goldgelber Karamell entstanden ist. Dabei nicht umrühren. Nun 50 g Butter und ½ Teelöffel Vanille dazugeben und den Topf schwenken, damit sich die Butter mit dem Zucker vermischt. Den Karamell danach sofort in die Form gießen und die Form schwenken, um den Karamell gleichmäßig auf dem Boden zu verteilen. Den Karamell etwas abkühlen lassen, ehe die Samen und der Saft von 1 Passionsfrucht darauf verteilt wird.

Die Mangos schälen, das Fruchtfleisch rechts und links des Kerns in einem Stück abschneiden und in Scheiben schneiden. Anschließend das restliche Fleisch vom Kern schneiden. Die Mangoscheiben rosettenförmig und leicht überlappend auf dem inzwischen erkalteten und harten Karamell anordnen.

Jetzt die restliche Butter mit dem restlichen Zucker cremig aufschlagen. Die Eier einzeln unterrühren und dabei die Wände der Rührschüssel von Zeit zu Zeit mit einem Teigschaber säubern. Das Mehl mit dem Backpulver und dem Salz darübersieben, den Saft und die Kerne der zweiten Passionsfrucht sowie die saure Sahne hinzufügen und alles zu einem glatten, homogenen Teig verrühren.

Den Teig vorsichtig auf den Mangoscheiben verteilen, mit einer Palette oder einem Löffelrücken glatt streichen und den Kuchen 50 bis 60 Minuten auf der mittleren Schiene backen. Um die Garprobe zu machen, in der Mitte mit einem Holzstäbchen hineinstechen. Der Kuchen ist fertig, wenn das Stäbchen sauber bleibt. Wird er zu schnell braun, den Kuchen lose mit Alufolie oder Backpapier abdecken. Den fertigen Kuchen 5 Minuten in der Form abkühlen lassen und danach auf eine Platte stürzen.

Mango-Passionsfrucht-Sorbet

Sollten Sie das Glück haben, Mangos der Sorte Alphonso zu bekommen, würde ich sie Ihnen für dieses Sorbet unbedingt empfehlen. Diese Sorte hat nämlich ein besonders zartes, saftig-süßes, leuchtend gelbes Fruchtfleisch. Sind die Mangos sehr süß, sollten Sie etwas mehr Limettensaft nehmen, damit der Geschmack ausgewogen ist. Wer mag, kann das Sorbet noch mit etwas frisch geriebenem Ingwer oder frischem rotem Chili aufpeppen. Besitzen Sie keine Eismaschine, füllen Sie die Mischung einfach in eine Gefrierdose, stellen sie für 2 Stunden in das Gefriergerät und rühren sie danach mit einer Gabel durch, um die Eiskristalle aufzubrechen. Das wiederholen Sie noch dreimal, bis das Sorbet fest ist. Damit das Sorbet cremiger wird, können Sie es anschließend noch in der Küchenmaschine aufschlagen.

Für 8 Personen

2 grosse oder 3 mittelgrosse reife Mangos

Saft von 1 Limette

3 grosse Passionsfrüchte

250 g Zucker

1 Prise Salz

Benötigte Utensilien

eine Eismaschine

eine Gefrierdose

Die Mangos schälen, das Fruchtfleisch vom Stein schneiden, mit dem Limettensaft im Mixer zu einem glatten Püree verrühren und in eine Schüssel füllen. Die Passionsfrüchte halbieren und ein Sieb über der Schüssel einhängen. Den Saft und die Kerne hineingeben und durch das Sieb über die Mangos passieren.

In einem mittelgroßen Topf den Zucker mit 250 ml kaltem Wasser und dem Salz langsam zum Kochen bringen. Den Sirup 2 Minuten köcheln lassen, vom Herd nehmen und 15 Minuten lang abkühlen lassen. Anschließend mit dem Fruchtpüree verrühren. Das Ganze abkühlen lassen und danach mindestens 2 Stunden oder über Nacht in den Kühlschrank stellen.

Die Mischung in der Eismaschine (oder wie oben beschrieben) gefrieren lassen, in eine Gefrierdose füllen und bis zum Servieren in das Gefriergerät stellen.

Kokoseis

Dieses Eis passt ebenso vorzüglich zur gebratenen Ananas mit Chili von Seite 163 wie zum Mango-Passionsfrucht-Sorbet (siehe oben). Besonders lecker schmeckt es, wenn man es mit einer warmen Zartbitterschokoladensauce überzieht.

Für 6–8 Personen

50 g Kokosraspel

250 ml Vollmilch

250 ml Kokosmilch

4 grosse Eigelb

100 g brauner Zucker oder 50 g Kokosnusszucker und 50 g brauner Zucker

1 TL Vanilleextrakt oder -paste

200 ml Sahne

2 EL brauner Rum (nach Belieben)

frisch geriebene Muskatnuss

Benötigte Utensilien

ein feinmaschiges Nylonsieb

eine Eismaschine

eine Gefrierdose

Die Kokosraspeln bei geringer bis mittlerer Hitze in einer Pfanne goldbraun rösten. Die Pfanne dabei regelmäßig schwenken, damit die Kokosraspeln nicht anbrennen. In eine Schüssel füllen und abkühlen lassen.

Die Milch mit der Kokosmilch bei geringer bis mittlerer Hitze erhitzen, bis sie fast kocht. Die Eigelbe mit dem Zucker und der Vanille cremig aufschlagen. Die heiße Milch unter Rühren in einem feinen Strahl einlaufen lassen. Die Mischung glatt rühren, in den Topf zurückgießen und bei geringer Hitze unter Rühren erhitzen (aber keinesfalls zum Kochen kommen lassen), bis sie eingedickt ist (sie sollte so dick sein, dass sie an einem Löffelrücken haften bleibt). Anschließend durch das Nylonsieb in eine Schüssel passieren, die Sahne, den Rum und 1 kräftige Prise Muskat einrühren. Vollständig abkühlen lassen und danach für einige Stunden oder über Nacht in den Kühlschrank stellen.

Die Mischung in der Eismaschine gefrieren lassen, die gerösteten Kokosraspeln unterziehen, in eine Gefrierdose füllen und in das Gefriergerät stellen.

Empanadas mit Ananasfüllung

Für diese unwiderstehlichen süßen Empanadas habe ich den gleichen Teig verwendet wie für die Tarte Tatin auf Seite 208. Der buttrige, blättrige Teig ist nicht nur kinderleicht herzustellen, er ist auch die perfekte Ergänzung zur würzig-süßen Ananasfüllung. Am besten schmecken die Empanadas – wie meine Redakteurin Judith und meine Fotografin Tara bestätigen können –, solange sie noch warm sind. Und am allerbesten mit Kokos- oder Vanilleeis.

Ergibt etwa 16 Stück

1 Rezept Kuchenteig mit Frischkäse (siehe Seite 208), gekühlt

Mehl zum Bestäuben

Für die Füllung

1 mittelgrosse reife Ananas, geschält, der Strunk herausgeschnitten, grob gehackt

Saft von 1 Limette

2 EL heller Muscovado-Zucker

1 kräftige Prise gemahlene Ancho-Chili

1 TL Zimt

1 EL weisser Zucker

2 EL Milch

Benötigte Utensilien

ein runder Plätzchenausstecher (Ø 11–12 cm)

Die Ananas bei geringer bis mittlerer Hitze mit dem Limettensaft, dem Muscovado-Zucker, dem Chili und 1 kräftigen Prise Zimt kochen, bis sie die Konsistenz einer Konfitüre hat und leicht karamellisiert ist. Den Topf vom Herd nehmen und die Füllung abkühlen lassen.

Den Backofen auf 180 °C (Umluft 160 °C) vorheizen und zwei Backbleche mit Backpapier auslegen. Dann den restlichen Zimt in einer kleinen Schüssel mit dem Zucker mischen.

Den Teig auf der leicht bemehlten Arbeitsfläche 2 mm dick ausrollen und mit dem Ausstecher Kreise daraus ausstechen. Die Teigreste noch einmal ausrollen und weitere Kreise daraus ausstechen. In die Mitte jeweils 1 Teelöffel der Ananasfüllung setzen, die Ränder mit etwas Milch bepinseln und die Kreise zu Halbmonden zusammenklappen. Die Ränder gut andrücken und die Empanadas auf den Backblechen verteilen. Mit einer Gabel ein Muster auf die Ränder drücken, die Teigtaschen mit Milch bepinseln und mit dem Zimtzucker bestreuen.

Die Empanadas auf der mittleren Einschubleiste des Backofens etwa 20 Minuten lang backen, bis sie goldbraun und knusprig sind.

Probieren Sie bei der Füllung auch einmal andere Gewürze, gemahlenen Kardamom etwa oder Anis, aus. Gemahlenen Ancho-Chili bekommt man in guten Feinkostgeschäften oder über das Internet. Er hat einen rauchigen, süßlich-fruchtigen Geschmack und ist weniger scharf.

Ziegenmilch-Labné auf Karotten-Rote-Bete-Salat mit Granatapfelkernen

Labné, die entwässerte Variante des arabischen Sauermilchprodukts Laban, ist im Grunde nichts anderes als ein gewürzter Naturjoghurt, den man über Nacht durch ein Stück Gaze abtropfen lässt. Dadurch bekommt er die Konsistenz eines weichen Frischkäses. Die Ziegenmilch bildet einen interessanten Kontrast zu den süßlichen gerösteten Karotten und den säuerlichen Granatapfelkernen. Das Labné kann auch durch Joghurt ersetzt und noch mit einer zerdrückten Knoblauchzehe und einer Prise gemahlenem Kreuzkümmel angereichert werden.

Für 4–6 Personen

500 g vollfetter Ziegenmilchjoghurt
1 Bund Babykarotten
1 kleines Bündel Rote Bete
3 EL Olivenöl
3 Knoblauchzehen
1 Zweig Thymian, die Blätter abgezupft
2 EL glatte Petersilie, grob gehackt
1 EL Minze, grob gehackt
Kerne von 1 Granatapfel
50 g Pistazienkerne
1 EL Granatapfelsirup
1–2 EL Pistazienöl oder Olivenöl extra vergine
½ TL Sumach
Salz und frisch gemahlener schwarzer Pfeffer

Benötigte Utensilien

ein feinmaschiges Nylonsieb
ein Stück Gaze

Den Joghurt mit Salz und Pfeffer würzen. Das Nylonsieb mit der Gaze auskleiden und den Joghurt hineingeben. Das Sieb über einer Schüssel einhängen, mit Frischhaltefolie abdecken und den Joghurt 24 Stunden lang im Kühlschrank abtropfen lassen.

Den Backofen auf 190 °C (Umluft 170 °C) vorheizen. Die Karotten und die Rote Bete abschrubben, Stiele und Blätter entfernen, große Karotten halbieren. Die Karotten in einen Bräter legen, mit dem Öl beträufeln und mit Salz und Pfeffer würzen. Die ungeschälten Knoblauchzehen dazwischen verteilen, den Thymian darüberstreuen und das Gemüse je nach Größe etwa 30 Minuten auf der mittleren Einschubleiste des Backofens weich garen.

Die ungeschälten Roten Bete in kochendes Salzwasser legen, weich garen, abgießen und etwas abkühlen lassen. Anschließend die Roten Bete schälen und in mundgerechte Spalten schneiden.

Die Karotten mit den Roten Beten in eine Schüssel füllen, die Kräuter hinzufügen, die Knoblauchzehen aus den Schalen in die Schüssel drücken und das Ganze mit Salz und Pfeffer würzen. Den Salat mit den Händen durchmischen, auf einer Servierplatte anrichten und das Labné darauf verteilen. Mit Granatapfelkernen und Pistazien bestreuen, mit dem Granatapfelsirup und dem Pistazienöl beträufeln, mit Sumach würzen und sofort servieren.

Schokocreme mit Granatapfel und Mandel-Schoko-Keksen

Granatapfelkerne verleihen diesen einfachen Schokoladencremes das gewisse Etwas. Zu gehaltvollen, cremigen Desserts wie diesem reiche ich gerne etwas Knuspriges, und da sind die Mandelcracker genau das Richtige. Dieses zarte Gebäck wird allerdings weich, wenn es feuchter Luft ausgesetzt ist. Servieren Sie es deshalb am besten frisch, oder bewahren Sie die ausgekühlten Cracker in einer luftdicht verschlossenen Dose auf und legen zwischen die einzelnen Schichten jeweils ein Stück Backpapier. Das Rezept ist für 20 Stück berechnet.

Für 6 Personen

2 grosse Granatäpfel

2 TL Zucker

200 g Zartbitterschokolade (70 % Kakaoanteil), fein gehackt

325 ml Sahne

1 Prise Salz

½ TL Vanilleextrakt

1 mittelgrosses Eigelb, verquirlt

Für die Kekse

75 g Butter

1 EL klarer Honig

100 g Zucker

40 g Mehl (Type 405)

50 g Kakao-Nibs (geschälte, gebrochene Kakaobohnen)

30 g Mandelblättchen

1 Prise Salz

Zunächst einen der beiden Granatäpfel halbieren und mit der Zitruspresse gut auspressen. Den Saft in einen kleinen Topf gießen und den Zucker einrühren, bis er sich aufgelöst hat. Nun den Saft bei mittlerer Hitze zum Kochen bringen und etwa 1 Minute lang kochen lassen, bis er eine sirupartige Konsistenz hat.

Die Schokolade in eine Schüssel füllen. In einem zweiten Topf die Sahne mit dem Salz und der Vanille aufkochen, 20 Sekunden lang köcheln lassen und danach sofort über die Schokolade gießen. Die Hälfte des Granatapfelsirups hinzufügen und das Ganze vorsichtig mit einem Teigschaber verrühren, bis die Schokolade geschmolzen ist und eine glatte Creme entstanden ist. Das Eigelb einrühren, die Creme auf kleine Gläser oder Töpfchen verteilen und abkühlen lassen. Anschließend mit Frischhaltefolie abdecken und im Kühlschrank fest werden lassen.

Für die Kekse die Butter in einer kleinen Kasserolle mit dem Honig und dem Zucker bei geringer bis mittlerer Hitze zerlassen. Vom Herd nehmen, 3–4 Minuten abkühlen lassen und die übrigen Zutaten einrühren. Den Teig anschließend mindestens 1 Stunde ruhen lassen (der Teig kann bereits 1 Tag im Voraus zubereitet und zugedeckt im Kühlschrank aufbewahrt werden).

Den Backofen auf 170 °C (Umluft 150 °C) vorheizen und zwei Backbleche mit Backpapier auslegen.

Die Kekse in kleinen Portionen (4–5 Stück gleichzeitig) backen. Den Teig in kleinen, etwa kirschgroßen Häufchen auf das Blech setzen und mit einer Palette zu Kreisen verstreichen. Die Kekse 6–7 Minuten auf der mittleren Schiene goldbraun backen und auf den Blechen auskühlen lassen.

Vor dem Servieren den restlichen Sirup auf die Schokoladencremes verteilen, die restlichen Granatapfelkerne darüberstreuen und die Kekse dazu reichen.

Pide mit Lamm und Granatapfelkernen

Das Pide ist für die Türken, was die Pizza für die Italiener ist. Hier wurde sie mit einer leckeren Kombination aus aromatisch gewürztem Lammhackfleisch und salzigem Feta gefüllt. Den krönenden Abschluss bilden saftige, frische Granatapfelkerne. Die Piden sind im Nu fertig – zumal der Belag schon im Voraus zubereitet werden kann – und ideal als leichtes Mittag- oder Abendessen.

Ergibt 8 Stück

Für den Belag

1 EL Olivenöl

1 Zwiebel, fein gehackt

2 Knoblauchzehen, zerdrückt

1 TL gemahlener Kreuzkümmel

½ TL gemahlener Koriander

½ TL Cayennepfeffer

1 Prise gemahlenes Piment

¼ TL Zimt

¼ TL getrockneter Oregano

400 g mageres Lammhackfleisch

1 kleine Dose (200 g) Tomaten, gehackt

1 EL Granatapfelsirup

1 Prise Zucker

100 g geröstete Paprikaschoten (aus dem Glas), in Streifen geschnitten

125 g Feta, zerkrümelt

2 TL Schwarzkümmelsamen

Kerne von 1 Granatapfel

1 gehäufter EL glatte Petersilie, gehackt

½ TL Sumach

Salz und frisch gemahlener schwarzer Pfeffer

Für den Teig

350 g Mehl (Type 550) plus Mehl zum Bestäuben

7 g Trockenhefe

1 Prise Zucker

1 kräftige Prise Meersalz

2 EL Olivenöl

Für den Belag das Öl in einer großen Pfanne erhitzen und die Zwiebel bei mittlerer Hitze darin glasig schwitzen. Den Knoblauch, die Gewürze sowie den Oregano hinzufügen und 1 Minute anschwitzen. Das Fleisch dazugeben und etwa 5 Minuten bei mittlerer bis starker Hitze anbräunen. Die Tomaten, den Sirup und den Zucker einrühren, mit Salz und Pfeffer würzen. Das Fleisch 20 Minuten lang kochen lassen, bis es weich ist und die Flüssigkeit fast vollständig eingekocht ist. Die Pfanne vom Herd nehmen, überschüssiges Fett abschöpfen und das Fleisch abkühlen lassen.

Für den Teig das Mehl in einer Rührschüssel mit der Hefe, dem Zucker und dem Salz mischen. In der Mitte eine Vertiefung hineindrücken, 200–225 ml warmes Wasser sowie das Olivenöl hineingießen und das Ganze etwa 8 Minuten bei mittlerer Geschwindigkeit zu einem glatten, elastischen Teig verrühren. Den Teig zu einer Kugel formen, in eine leicht mit Öl eingefettete Schüssel legen, mit Frischhaltefolie abdecken und etwa 1 Stunde an einem warmen Platz gehen lassen, bis er sein Volumen verdoppelt hat.

Den Backofen auf 200 °C (Umluft 180 °C) vorheizen und zwei große Backbleche mit Backpapier auslegen.

Nun den Teig auf der leicht bemehlten Arbeitsfläche etwas durchkneten und in acht gleiche Portionen teilen. Zu etwa 3 mm dicken Ovalen in der Größe von Pidebroten ausrollen und die Fleischmischung in der Mitte verteilen, sodass rundherum ein Rand frei bleibt. Den Teig an den Enden so zusammendrehen, dass kleine »Schiffchen« entstehen. Die Paprikastreifen und den Feta auf der Füllung verteilen, die Piden mit Olivenöl beträufeln, mit dem Schwarzkümmel bestreuen und etwa 20 Minuten auf der mittleren Schiene backen, bis der Teig aufgegangen und goldbraun ist.

Die heißen Piden großzügig mit Granatapfelkernen und Petersilie bestreuen, mit Sumach würzen und dann sofort mit eingelegten Peperoni servieren.

Geschmorte Rinderquerrippe in Granatapfelsauce

Der Granatapfel kommt in diesem Gericht »ganz groß raus«, und das nicht nur in Form der frischen Kerne, sondern auch als Saft und Sirup. Und weil ich – ich gebe es zu – manchmal ein bisschen bequem bin, habe ich ein Faible für Gerichte, bei denen man mit wenig Aufwand tollste Ergebnisse erzielt. Rinderquerrippen sind für solche Gerichte geradezu ideal, da sie im Ofen praktisch von selbst butterzart werden. Dazu serviert man dann noch gedämpften Reis und einen knackigen Blattsalat.

Für 4 Personen

- 2 kg Rinderquerrippen
- 2 TL Kreuzkümmelsamen
- 2 TL Koriandersamen
- 1 gehäufter TL gemahlener Ancho- oder Chipotle-Chili
- ½ TL getrockneter Oregano
- 2 rote Zwiebeln, in Ringe geschnitten
- 3 Knoblauchzehen, zerdrückt
- 1 Zimtstange
- 2 EL Olivenöl
- 1 EL Tomatenmark
- 500 ml ungesüsster Granatapfelsaft
- 500 ml Rinderbrühe
- 2 EL Granatapfelsirup
- 1–2 TL Demerarazucker
- Kerne von 1 Granatapfel
- 2 EL glatte Petersilie, gehackt
- 2 EL Koriandergrün, gehackt
- 1 rote Chilischote, fein gehackt
- Salz und frisch gemahlener schwarzer Pfeffer

Die Querrippen in die Einzelrippen zerteilen und diese in eine große Schüssel legen. Eine kleine Pfanne bei mittlerer Hitze heiß werden lassen, den Kreuzkümmel und den Koriander darin rösten, bis sie ihr Aroma entfalten. Die Samen im Mörser zermahlen und mit dem Chili, dem Oregano und je 1 kräftigen Prise Salz und Pfeffer mischen. Die Rippen mit der Gewürzmischung bestreuen, Zwiebeln, Knoblauch und die Zimtstange dazugeben und alles mit den Händen gut durchmischen. Mit Frischhaltefolie abdecken und die Rippen über Nacht im Kühlschrank durchziehen lassen.

Den Backofen auf 150 °C (Umluft 130 °C) vorheizen. Nun die Rippen aus der Schüssel nehmen, die Zwiebeln und den Knoblauch abkratzen, aber nicht wegwerfen. 1 Esslöffel Olivenöl in einer großen Pfanne erhitzen und die Rippen rundherum darin anbräunen. Aus der Pfanne nehmen und in einen ofenfesten Topf schichten. Das restliche Öl in der Pfanne erhitzen, darin die Zwiebel mit dem Knoblauch unter häufigem Rühren glasig schwitzen. Das Tomatenmark einrühren und das Ganze noch 1 Minute kochen lassen. Den Granatapfelsaft und die Brühe angießen, zum Kochen bringen und dabei den Bratensatz vom Boden lösen. Den Pfanneninhalt über die Rippen gießen und zum Kochen bringen. Den Deckel auflegen und die Rippen etwa 2 Stunden auf der mittleren Schiene des Backofens schmoren lassen, bis das Fleisch weich ist und sich fast von den Knochen löst.

Die Rippen mit einem Schaumlöffel aus der Kasserolle heben, mit Alufolie abdecken und warm stellen. Die Sauce 15 Minuten abkühlen lassen, das überschüssige Fett abschöpfen, den Sirup einrühren und die Sauce bei mittlerer Hitze um die Hälfte einkochen und eindicken lassen. Die Sauce gegebenenfalls noch einmal mit Zucker, Salz und/oder Pfeffer abschmecken, die Rippen hineinlegen, die Granatapfelkerne, die Kräuter und die Chilischote darüberstreuen. Anschließend sofort servieren.

Gulab Jamun mit Granatapfel und Pistazien

Während der Indienreise, die ich vor einigen Jahren unternahm, habe ich bei jeder sich bietenden Gelegenheit diese goldbraun frittierten und in einem aromatischen Rosensirup getränkten Teigbällchen gegessen, die dort häufig von Straßenhändlern verkauft und in kleinen Schüsseln aus Bananenblättern gereicht werden. Die Granatapfelkerne bilden einen angenehm säuerlichen Kontrast zu den süßen Bällchen, die Pistazien sorgen für etwas mehr Farbe und Biss.

Für 8–10 Personen

Für den Sirup

350 g Zucker

6 grüne Kardamomkapseln

1 Zimtstange

1–2 TL Rosenwasser

2 TL essbare Rosenblüten (nach Belieben)

Für die Teigbällchen

1 l Sonnenblumenöl zum Frittieren

200 g Milchpulver

50 g Mehl (Type 405)

1 Msp. Backnatron

75 ml Vollmilch

75 g Naturjoghurt

2 EL flüssige geklärte Butter

Zum Servieren

40 g Pistazienkerne

Kerne von 1 Granatapfel

Benötigte Utensilien

ein Zuckerthermometer

Für den Sirup den Zucker mit 500 ml kaltem Wasser in einen großen Topf geben. Die Kardamomkapseln im Mörser zerstoßen und mit der Zimtstange zum Zucker geben. Das Ganze langsam zum Kochen bringen und, sobald sich der Zucker aufgelöst hat, 2 Minuten lang köcheln lassen. Den Topf von der Herdplatte ziehen und das Rosenwasser mit den Rosenblüten einrühren. Das Rosenwasser nur sparsam verwenden, damit es den Geschmack der übrigen Zutaten nicht überdeckt.

Das Sonnenblumenöl in einem großen Topf, im Wok oder in der Fritteuse auf 150 °C erhitzen (die Temperatur mit dem Zuckerthermometer prüfen).

Inzwischen für die Teigbällchen in einer großen Rührschüssel das Milchpulver mit dem Mehl und dem Backnatron mischen. In der Mitte eine Vertiefung hineindrücken, die Milch, den Joghurt und die geklärte Butter (bis auf 1 Teelöffel) hineingeben und das Ganze rasch mit den Händen zu einem glatten, relativ klebrigen Teig verarbeiten. Ist der Teig zu trocken, noch etwas Milch hinzufügen. Die Handflächen mit etwas geklärter Butter einfetten und 20–24 walnussgroße Bällchen aus dem Teig formen (dabei müssen Sie sehr schnell arbeiten). Auf ein mit Backpapier ausgelegtes Backblech legen und lose mit einem angefeuchteten Geschirrtuch abdecken.

Sobald das Öl die richtige Temperatur hat, den Sirup noch einmal aufkochen lassen und danach vom Herd nehmen. Die Bällchen vorsichtig portionsweise (jeweils 4–5 Stück auf einmal) in das heiße Fett gleiten lassen und dabei darauf achten, dass es nicht abkühlt. Etwa 5 Minuten unter gelegentlichem Wenden frittieren, bis sie rundherum goldbraun sind und ihre Größe fast verdoppelt haben. Mit einem Schaumlöffel herausheben, kurz auf Küchenpapier abtropfen lassen und danach in den heißen Sirup legen. Falls der Sirup abkühlt, noch einmal vorsichtig erhitzen, aber nicht zum Kochen kommen lassen. Die Gulab Jamun über Nacht bei Zimmertemperatur im Sirup ziehen lassen.

Am folgenden Tag die Gewürze und die Rosenblätter herausnehmen. Die Gulab Jamun mit einem Löffel Sirup sowie mit Pistazien und Granatapfelkernen bestreut servieren.

Schokoladen-Bananen-Kuchen

Dieser Kuchen ist eine ideale Verwertungsmöglichkeit für die überreifen Bananen, die sich immer wieder in den Obstschalen ansammeln. Der Kuchen schmeckt noch besser, wenn Sie ihn bereits am Vortag backen und in einem luftdicht verschlossenen Behälter aufbewahren.

Für 10 Personen

200 g weiche Butter plus 1 TL zerlassene Butter für die Form

25 g ungesüsstes Kakaopulver plus 1 EL zum Ausstäuben

275 g Mehl (Type 405)

25 g Ovomaltine

2 TL Backpulver

½ TL Backnatron

1 kräftige Prise feines Meersalz

4 mittelgrosse reife Bananen

3 EL saure Sahne, raumtemperiert

1 TL Vanilleextrakt

125 g Demerarazucker

100 g Zucker

4 grosse Eier, verquirlt

50 g Zartbitterschokolade, fein gehackt

Für den Guss

100 g Demerarazucker

100 g dunkler Muscovado-Zucker

75 g Butter

125 ml Sahne

50 g Zartbitterschokolade, gehackt

½ TL Vanilleextrakt

1 kräftige Prise Meersalz

Benötigte Utensilien

eine Gugelhupfform mit 2,5 l Fassungsvermögen

Den Backofen auf 180 °C (Umluft 160 °C) vorheizen. Die Form sorgfältig mit der zerlassenen Butter einfetten und mit 1 Esslöffel Kakaopulver ausstäuben. Das überschüssige Kakaopulver ausschütten.

Das restliche Kakaopulver mit dem Mehl, der Ovomaltine, dem Backpulver, dem Backnatron und dem Salz in eine Schüssel sieben. In einer zweiten Schüssel die Bananen zerdrücken und mit der sauren Sahne und dem Vanilleextrakt verrühren.

Die Butter mit dem Demerarazucker und dem Zucker cremig aufschlagen. Die Eier einzeln unterrühren und dabei von Zeit zu Zeit die Wände der Schüssel mit einem Teigschaber säubern. Nun die Mehlmischung und die Bananen dazugeben und alles gut verrühren. Zum Schluss die Schokolade mit dem Teigschaber unterziehen.

Den Teig in die Form füllen, glatt streichen und den Kuchen 30 bis 40 Minuten lang auf der unteren Einschubleiste des Backofens backen, bis er schön aufgegangen ist. Um die Garprobe zu machen, in der Mitte mit einem Holzstäbchen hineinstechen. Der Kuchen ist fertig, wenn das Stäbchen sauber bleibt. Den Kuchen 2 Minuten in der Form ruhen lassen, danach auf ein Kuchengitter stürzen und auskühlen lassen.

Für den Überzug in einem kleinen Topf beide Zucker bei geringer Hitze mit der Butter und der Sahne erhitzen, bis Zucker und Butter geschmolzen sind. Die Mischung zum Kochen bringen, 30 Sekunden köcheln lassen und vom Herd nehmen. Die Schokolade mit der Vanille und dem Salz hineingeben und unter Rühren schmelzen lassen. Anschließend die Mischung glatt rühren und den ausgekühlten Kuchen damit überziehen.

Knuspriger Schweinebauch auf Melonensalat

Zu diesem Rezept hat mich ein Gericht inspiriert, das man im Fatty Crab, einem malayischen Restaurant in New York City, serviert. Ich habe das Rezept zwar ein wenig vereinfacht, das Gericht schmeckt aber genauso lecker. Damit sie einen erfrischenden Kontrast zu dem salzigen, würzigen Schweinefleisch bildet, sollte die Wassermelone vor dem Servieren gut gekühlt werden.

Für 4 Personen

3 Knoblauchzehen, in Scheiben geschnitten

1 Stück (5 cm) frischer Ingwer, in Scheiben geschnitten

1 gehäufter TL chinesisches 5-Gewürze-Pulver

2 EL dunkle Sojasauce

2 EL klarer Honig

2 EL schwarzer chinesischer Reisessig

1,5 kg Schweinebauch ohne Knochen, die Schwarte rautenförmig eingeschnitten

Meersalzflocken

Für den Salat

½ fussballgrosse Wassermelone, gekühlt, geschält und in mundgerechte Würfel geschnitten

4 Frühlingszwiebeln, in Ringe geschnitten

1 grosse rote Chilischote, die Samen entfernt und in Ringe geschnitten

1 Stück (4 cm) frischer Ingwer, in Julienne-Streifen geschnitten

3 EL Sesamöl

2 EL Sojasauce

Saft von 1 Limette plus Limettensaft zum Servieren

2–3 TL schwarze oder geröstete weisse Sesamkörner

3 EL Koriandergrün, grob gehackt

Für die Marinade den Knoblauch und den Ingwer auf einem Backblech oder in einer Schale verteilen. (Die Schale sollte so groß sein, dass das Fleisch bequem darin Platz hat.). Das chinesische 5-Gewürze-Pulver, die Sojasauce, den Honig sowie den Essig dazugeben und alles gut verrühren. Das Fleisch mit der Schwarte nach oben darauflegen, mit Frischhaltefolie abdecken und über Nacht im Kühlschrank marinieren lassen.

Am folgenden Tag einen Bräter mit einer doppelten Schicht Alufolie auslegen und den Backofenrost daraufsetzen. Das Fleisch aus der Marinade nehmen, mit der Schwarte nach oben auf den Rost legen und 1 Stunde bei Zimmertemperatur trocknen lassen.

Den Backofen auf 220 °C (Umluft 200 °C) vorheizen. Die Schwarte leicht mit Meersalzflocken bestreuen und das Fleisch 20 Minuten auf der mittleren Einschubleiste braten. Die Temperatur dann auf 180 °C (Umluft 160 °C) reduzieren und das Fleisch 1 Stunde braten, bis es durchgegart und die Schwarte knusprig ist.

Inzwischen die Wassermelone mit den Frühlingszwiebeln, der Chilischote und dem Ingwer in eine Schüssel füllen und die Zutaten vorsichtig mit den Händen durchmischen. Das Sesamöl mit der Sojasauce und dem Limettensaft verrühren (den Salat aber erst unmittelbar vor dem Servieren mit dem Dressing anmachen, sonst wird die Melone matschig).

Das Fleisch nach dem Garen 10 Minuten ruhen lassen und danach in mundgerechte Stücke schneiden. Das Dressing über den Salat gießen und den Salat auf vier Teller verteilen. Das Fleisch darauf anrichten, mit dem Sesam und dem Koriandergrün bestreuen und sofort mit Limettensaft servieren.

Gegrillte Riesengarnelen mit Wassermelone und Feta

Die süßlichen, würzig-scharfen Garnelen bilden einen herrlichen Kontrast zu der kalten, saftigen Wassermelone und dem salzigen Feta. Ein Gericht wie geschaffen für eine Grillparty an einem warmen Sommerabend!

Für 3–4 Personen

16 rohe Riesengarnelen

2 unbehandelte Zitronen

3 Knoblauchzehen, in Scheiben geschnitten

½–1 TL getrockneter Chili

½–1 TL getrockneter Oregano

1 kleine Wassermelone

Salz und frisch gemahlener schwarzer Pfeffer

150 g Feta, zerkrümelt

4 Frühlingszwiebeln, in Ringe geschnitten

4 EL fruchtiges Olivenöl extra vergine

1 grosse Handvoll griechisches Basilikum oder Minzeblätter

Benötigte Utensilien

ein Holzkohlegrill oder eine gerippte Grillpfanne

Die Garnelen in eine große Glas- oder Keramikschüssel legen. 1 Zitrone auspressen und die Schale abreiben. Beides mit Chili und Oregano sowie je 1 kräftigen Prise Salz und Pfeffer zu den Garnelen geben. Das Ganze gut durchmischen und die Garnelen einige Stunden zugedeckt im Kühlschrank durchziehen lassen.

In der Zwischenzeit die Melone schälen und in Stücke oder Spalten schneiden. Auf einer großen Platte anrichten, mit Frischhaltefolie abdecken und in den Kühlschrank stellen.

Den Grill vorheizen oder die Grillpfanne auf der Herdplatte bei mittlerer bis starker Hitze heiß werden lassen. Die Garnelen auf jeder Seite 1–2 Minuten grillen, bis sie durchgegart sind und ein dekoratives Streifenmuster haben. Die Garnelen auf der kalten Wassermelone anrichten, den Feta und die Frühlingszwiebeln darüberstreuen und das Ganze mit dem Olivenöl beträufeln. Mit dem Basilikum garnieren und mit Zitronenschnitzen servieren.

Melonen-Sangria

Wer mag, kann dieses erfrischende Sommergetränk noch mit einem Schuss Brandy oder Cointreau anreichern.

Für 4–6 Personen

½ Charentais- oder Cantaloupe-Melone

½ Honigmelone

1 knackiger Apfel

1 große Handvoll kernlose weiße Trauben

1 Flasche (75 cl) trockener Weißwein

½ Salatgurke

500 ml Perlwein, Sodawasser oder trübe Limonade

Eis zum Servieren

Die Melonen schälen und die Kerne entfernen. Das Fruchtfleisch in Spalten schneiden und in einen großen Krug füllen. Den Apfel vierteln, das Kerngehäuse entfernen und das Fruchtfleisch in Spalten schneiden. Die Trauben halbieren und mit dem Apfel zu den Melonen geben. Mit dem Wein übergießen und gut umrühren. Den Krug abdecken und einige Stunden in den Kühlschrank stellen.

Die Gurke in dünne Scheiben schneiden und mit dem Perlwein, dem Sodawasser oder der Limonade in den Krug geben. Die Sangria in Longdrinkgläsern mit viel Eis servieren.

Wassermelonen-Margarita

Dieses Rezept verdanke ich meinem Freund Hugh, der auch die nicht gar so schwierige Aufgabe übernommen hat, das richtige Mischungsverhältnis von Saft und Tequila zu ermitteln. Je nachdem, wie süß Ihre Wassermelone ist, müssen Sie eventuell etwas mehr oder etwas weniger Zucker und/oder Limettensaft nehmen.

Für 4 Personen

½ kleine Wassermelone

etwa 4 TL Zucker

15 cl Tequila Gold

Saft von 2 Limetten plus Limettensaft zum Abschmecken und Servieren

Zum Servieren

grob gemahlenes Meersalz für die Gläser

Eiswürfel oder Crushed Ice

kleine Limettenschnitze

Die Wassermelone in Spalten schneiden, schälen und die Kerne entfernen. Das Fruchtfleisch mit dem Zucker im Mixer oder mit dem Stabmixer glatt rühren. 500 ml Saft abmessen, mit dem Tequila und dem Limettensaft in einen Krug füllen und alles gut verrühren. Noch einmal abschmecken und gegebenenfalls noch etwas Zucker und/oder Limettensaft hinzufügen.

Das Salz auf einen Teller streuen. Die Glasränder mit etwas Limettensaft benetzen und in das Salz tauchen. Die Gläser mit Eiswürfeln oder Crushed Ice füllen, die Margarita darübergießen und sofort mit Limettenschnitzen servieren.

Melonen-Papaya-Salat mit Zitronengras und Ingwersirup

Melonen aller Art sind die Stars dieses frischen, bunten Fruchtsalats, der Ihnen an heißen Hochsommertagen Abkühlung bringen wird.

Für 6 Personen

100 g Zucker

1 Stängel Zitronengras, die äusseren Schichten entfernt

2 Limettenblätter

Saft von 1 Limette

1 Stück (5 cm) frischer Ingwer, in Scheiben geschnitten

je 1 Charentais-, 1 Honig- und 1 Galia-Melone

1 reife Papaya

½ frische Kokosnuss

1 Handvoll Minze- oder Ananasminzeblätter, grob gehackt

Als Erstes den Sirup herstellen, der einige Zeit zum Ziehen und Abkühlen benötigt. Dazu den Zucker mit 100 ml Wasser in einen Topf geben. Das Zitronengras mit der flachen Messerklinge zerdrücken, ohne dass es auseinanderbricht, und mit den Limettenblättern, dem Limettensaft und dem Ingwer zum Zucker geben. Das Ganze bei geringer Hitze erwärmen, bis sich der Zucker aufgelöst hat, und danach zum Kochen bringen. Den Sirup 1 Minute köcheln, anschließend vom Herd nehmen und abkühlen lassen.

Die Melonen halbieren und die Kerne mit einem Löffel entfernen. Jeweils eine Hälfte jeder Melonensorte in Spalten schneiden. Die Spalten schälen und auf einer Servierplatte anrichten. Die übrigen Hälften schälen und das Fruchtfleisch in mundgerechte Stücke schneiden oder das Fruchtfleisch mit einem Kugelausstecher aus den ungeschälten Hälften herauslösen. Die Melonenstücke oder -bällchen über die Melonenspalten streuen. Die Papaya halbieren und die Kerne herauskratzen. Dann die Hälften schälen, in dünne Scheiben schneiden und über die Melonen streuen.

Die Kokosnuss aufbrechen, das Wasser in ein Glas abgießen (das können Sie später trinken), das Fruchtfleisch herauslösen und mit dem Gemüseschäler in dünne Späne hobeln.

Den Sirup über die Früchte seihen und den Salat 30 Minuten durchziehen lassen. Mit den Kokosspänen und der Minze bestreuen und servieren.

Um festzustellen, ob eine Melone reif ist, die Frucht in beide Hände nehmen und daran riechen. Sie sollte sich schwer anfühlen und am Stielansatz einen aromatischen Duft verströmen.

Fisch-Tacos mit Kaki-Salsa

Fisch-Tacos habe ich zum ersten Mal in den Hamptons gegessen. Sie wurden dort mit der klassischen Pico-de-Gallo-Salsa aus Tomaten, Zwiebeln und Chili serviert, die ich hier noch mit einer süßen Kaki und einer Avocado angereichert habe. Frittieren Sie den Fisch und die Garnelen erst ganz zum Schluss, wenn alles andere fertig ist, sonst wird die Kruste weich.

Für 4–6 Personen

Für die Salsa

1 grosse reife Kaki

2 Tomaten, in Würfel geschnitten

1 reife Avocado, in Würfel geschnitten

1 rote Chilischote, die Samen entfernt und fein gewürfelt

3 Frühlingszwiebeln, in Ringe geschnitten

2 EL Koriandergrün, gehackt

Saft von 1 Limette plus Limetten zum Servieren

Für die Fisch-Tacos

1 Knoblauchzehe, zerdrückt

8 EL Mayonnaise

2 EL Chipotle-Paste

½ kleiner Weisskohl, in sehr feine Streifen geschnitten

1 l Sonnenblumenöl

500 g Seezungen- oder Snapperfilets

16 grosse rohe Garnelen, geschält

6 weiche Maistortillas

Salz und frisch gemahlener schwarzer Pfeffer

Für den Ausbackteig

125 g Mehl (Type 405)

25 g Mais- oder feines Polentamehl

1 TL Backpulver

½ TL Cayennepfeffer

½ TL gemahlene Ancho-Chili

1 kräftige Prise gemahlenes Piment

½ TL getrockneter Oregano

250–300 ml kaltes Bier oder kohlensäurehaltiges Mineralwasser

Benötigte Utensilien

Zuckerthermometer

gerippte Grillpfanne (nach Belieben)

Für die Salsa die Kaki mit dem Gemüseschäler schälen. Das Fruchtfleisch in Würfel schneiden, mit Tomaten, Avocado, der Chilischote, den Frühlingszwiebeln, Koriander und Limettensaft in eine Schüssel füllen, mit Salz und Pfeffer würzen und zur Seite stellen.

Den Knoblauch in einer kleinen Schüssel mit 6 Esslöffeln Mayonnaise, der Chipotle-Paste, Salz und Pfeffer verrühren. Den Kohl in einer mittelgroßen Schüssel mit der restlichen Mayonnaise vermengen und mit Salz und Pfeffer würzen. Das Sonnenblumenöl in einen großen Topf, in den Wok oder die Fritteuse gießen und auf 180–190 °C erhitzen (die Temperatur mit dem Zuckerthermometer prüfen). Ein Backblech mit drei Lagen Küchenpapier auslegen und den Backofen auf 150 °C (Umluft 130 °C) vorheizen. Wenn das Öl fast die richtige Temperatur hat, den Ausbackteig herstellen. Dazu das Mehl mit dem Maismehl, dem Backpulver und den Gewürzen in eine große Rührschüssel sieben. Den Oregano hinzufügen und kräftig mit Salz und Pfeffer würzen. In der Mitte eine Mulde hineindrücken, das Bier oder Mineralwasser hineingießen und die Zutaten mit einem Schneebesen vorsichtig zu einem groben Teig (er darf keinesfalls glatt sein) verrühren. Ist der Teig zu dick, noch etwas Flüssigkeit hinzufügen. Die Fischfilets und die Garnelen einzeln durch den Teig ziehen, überschüssigen Teig abtropfen lassen und im heißen Fett portionsweise (damit das Öl nicht abkühlt) 1–2 Minuten goldbraun und knusprig frittieren. Mit einem Schaumlöffel herausheben, auf Küchenpapier abtropfen lassen und warm halten, bis der Rest fertig ist.

Die Tortillas in der heißen Grillpfanne bei mittlerer Hitze auf jeder Seite etwa 30 Sekunden (oder in Alufolie verpackt etwa 10 Minuten im Backofen) erwärmen. Mit Kohlsalat, Fisch, Garnelen und Salsa garnieren und mit der Chipotle-Mayonnaise und Limetten servieren.

Kaki-Ingwer-Cookies

Die Kakis für diese Cookies sollten schön reif und süß sein und in etwa die Größe von Äpfeln haben.

Ergibt etwa 30 Stück

2 grosse reife Kakis
100 ml Sonnenblumenöl
100 g Melasse
300 g Mehl (Type 405)
125 g Zucker
1 TL Backpulver
1 TL Backnatron
1 ½ TL gemahlener Ingwer
½ TL Zimt
frisch geriebene Muskatnuss
1 Prise Salz
150 g Kristallzucker

Die Kakis mit einem kleinen, scharfen Messer schälen und das Fruchtfleisch im Mixer fein pürieren. In einen kleinen Topf füllen und bei geringer Hitze auf etwa 140 g einkochen lassen. Dabei ständig mit einem Teigspatel rühren, damit das Püree nicht anhängt.

Das Püree in eine Schüssel füllen, mit dem Sonnenblumenöl und der Melasse verrühren und 2–3 Minuten abkühlen lassen.

Das Mehl mit dem Zucker, dem Backpulver, dem Backnatron und den Gewürzen in eine große Schüssel sieben. In der Mitte eine Vertiefung hineindrücken, die Kakimischung hineingießen und das Ganze kräftig zu einem glatten Teig verrühren.

Den Backofen auf 180 °C (Umluft 160 °C) vorheizen und zwei Backbleche mit Backpapier auslegen.

Den Kristallzucker auf einen großen Teller streuen. Walnussgroße Portionen vom Teig abnehmen, zwischen den Handflächen zu Kugeln formen und im Zucker wenden, bis sie vollständig damit überzogen sind. Je 12 Cookies auf jedem Blech verteilen, mit den Fingern flach drücken und 10–12 Minuten auf der mittleren Einschubleiste backen. Die Cookies sollten knusprig, in der Mitte aber noch etwas weich sein. Mit dem restlichen Teig ebenso verfahren.

Die Cookies 1 Minute auf dem Blech abkühlen lassen, anschließend auf ein Kuchengitter legen und vollständig auskühlen lassen.

Kernobst

Wenn sich der Sommer dem Ende zuneigt und die süßen Beeren und saftigen Pfirsiche längst Vergangenheit zu sein scheinen, hoffen Obstliebhaber wie ich auf eine reiche Apfel-, Birnen- und Quittenernte im frühen Herbst. Sollten Sie zu den Glücklichen gehören, die einen oder gar zwei Apfelbäume ihr Eigen nennen, kennen Sie den herrlichen Anblick, der sich im Frühjahr bietet, wenn diese Bäume in voller Blüte stehen, die wiederum eine reiche Ernte verheißt – vorausgesetzt natürlich, das Wetter spielt mit.

Seit ein paar Jahren beginnt man sich wieder auf die alten Obst- und Gemüsesorten zu besinnen, und die Zeiten, in denen ausschließlich Granny Smith, Golden Delicious und Conference den Ton angaben, sind längst vorbei. Bei mehr als 2000 Apfelsorten können wir Köche und Köchinnen, was Größe, Süße und Farbe anlangt, heute aus dem Vollen schöpfen und haben die Qual der Wahl. Mit weltweit über 500 Sorten ist inzwischen auch bei den Birnen die Sortenvielfalt groß. Da kann dieses Kapitel leider nur einen winzigen Einblick geben.

Den Äpfeln verdanken wir den wohl beliebtesten Herbstkuchen – den einfachen Apfelkuchen, der doch so unwiderstehlich und so lecker ist und der mehr sonntägliche Kaffeetische geziert hat, als man sich vorstellen kann. Doch aus Äpfeln lässt sich, angefangen bei den französischen Apfeltaschen und der berühmten *Tarte Tatin* bis hin zu Blech- und anderen Kuchen, noch viel mehr machen. Besitzen Sie mehr als einen Apfelbaum, ist es sehr wahrscheinlich, dass Ihnen in guten Jahren angesichts der Riesenernte und der Berge von Fallobst nichts anderes übrig bleibt, als am laufenden Band Chutneys und Relishes herzustellen – auch dazu finden Sie hier ein ungewöhnliches Rezept, das hervorragend zu Aufschnitt und Käse passt. Auf meiner Wunschliste steht zurzeit eine Apfelpresse, damit wir im nächsten Herbst unseren eigenen Apfelsaft und Cidre produzieren können.

Noch bis vor Kurzem war das aus dem Mittleren Osten und Südeuropa stammende Quittenbrot oder das Quittengelee die einzige Form, in der die meisten diese herrliche alte Frucht mit der knorrigen Birnenform und der gelben, oft von Flaum bedeckten Schale kannten. Dabei ist sie außerordentlich weit verbreitet und gedeiht nicht nur in unseren Breiten und im gesamten Mittelmeerraum, sondern auch im Iran, in China und Argentinien. Bereits im antiken Griechenland und bei den Römern war sie bekannt. Traditionell gilt die Quitte als Symbol der Liebe und der Fruchtbarkeit – manche glauben sogar, es sei gar kein Apfel, sondern eine Quitte gewesen, die Eva Adam im Paradies gab.

Roh ist die Quitte nur schön anzusehen und verbreitet einen angenehm süßlichen Duft. Zum kulinarischen Erlebnis wird sie erst in gekochtem Zustand, wenn ihr Fruchtfleisch, das sich gleichermaßen für süße wie für pikante Zubereitungen eignet, eine beinahe tiefrote Färbung annimmt. Probieren Sie es einmal aus und kochen Sie ein paar Scheiben in einer Tajine mit. Oder reiben Sie die Frucht in ein Einmachglas, füllen es mit Wodka oder Brandy auf und lassen das Ganze einige Monate ruhen, schütteln das Glas in regelmäßigen Abständen und genießen den Inhalt zur Weihnachtszeit.

Bunter Salat mit Äpfeln, Haselnüssen und geräucherter Forelle

Salate müssen bei mir, vor allem wenn sie als Hauptgang serviert werden, knackig und pikant sein – und ein bisschen bunt. Kriterien, die dieser Salat absolut erfüllt – vorausgesetzt, die Zutaten sind wirklich frisch und fristen nicht schon länger ihr Dasein in einem verborgenen Winkel Ihres Kühlschranks. Haselnüsse, Sellerie, Äpfel und Rote Bete haben alle gleichzeitig Saison – nutzen Sie diese Zeit also, um sich an diesem Salat gütlich zu tun. Zum »Schnippeln« würde ich Ihnen den Gemüsehobel empfehlen, ein scharfes Messer tut es aber auch.

Für 4 Personen

1 Handvoll Haselnüsse

1 mittelgrosse rosa- oder gelb-weiss gestreifte Rote Bete (Sorte Tonda di Chioggia)

¼ Salatgurke

2 knackige, säuerliche Äpfel (z.B. Granny Smith)

6 Radieschen

2 Stangen Sellerie

250 g geräucherte Forellenfilets

Saft von ½ Zitrone

5 EL Olivenöl extra vergine

1 TL grobkörniger Dijon-Senf

3 EL Kresse

Salz und frisch gemahlener schwarzer Pfeffer

Die Haselnüsse knacken und die Kerne grob hacken.

Die Rote Bete schälen und – am besten mit dem Gemüsehobel – in hauchdünne Scheiben schneiden. Die Gurke ebenfalls schälen und in hauchdünne Scheiben schneiden. Die Äpfel vierteln, die Kerngehäuse entfernen und das Fruchtfleisch in hauchdünne Spalten schneiden. Die Radieschen in dünne Scheiben und den Sellerie in Julienne-Streifen schneiden.

Das Gemüse mit den Äpfeln auf einer Servierplatte anrichten. Die Forellenfilets zerpflücken und darauf verteilen.

Den Zitronensaft in einer kleinen Schüssel mit dem Olivenöl und dem Senf verrühren. Das Dressing kräftig mit Salz und Pfeffer abschmecken und über den Salat träufeln. Mit der Kresse garnieren und servieren.

Knuspriger Schweinebraten mit würzigem Apfel-Relish und Cidre-Sauce

Ein schöner Schweinebraten mit knuspriger Kruste sieht nicht nur appetitanregend aus, er ist auch ideal, wenn man, etwa bei einem sonntäglichen Brunch, eine größere Tischgesellschaft zu bewirten hat. Oder man genießt ihn – in einem knusprigen Brötchen – bei einem Lagerfeuer einfach aus der Hand. Um sicher zu gehen, dass Sie ein wirklich gutes Stück Fleisch von artgerecht gehaltenen Schweinen bekommen, gehen Sie am besten zum Metzger Ihres Vertrauens. Äpfel sind in diesem Gericht gleich dreimal vertreten: als Relish, in den Fleischbällchen und als Cidre in der Sauce.

Für 6–8 Personen

Für den Braten

2 TL Fenchelsamen

1 TL Korianderkörner

1 TL schwarze Pfefferkörner

1 TL getrocknete Chilischote

½ TL getrockneter Oregano

3 TL Meersalzflocken

4 Knoblauchzehen, zerdrückt

abgeriebene Schale von 1 unbehandelten Zitrone

1 Schweinelende mit Knochen (3 kg), die Schwarte tief eingeschnitten

1–2 EL Olivenöl

frisch gemahlener schwarzer Pfeffer

Für die Fleischbällchen

1 Zwiebel, fein gehackt

1 große Knoblauchzehe, zerdrückt

1 knackiger Tafelapfel, geschält, das Kerngehäuse entfernt und geraspelt

10 Salbeiblätter, fein gehackt

½ TL Fenchelsamen

400 g Wurstbrät

100 g frische Weißbrotkrume

40 g Pancetta in Scheiben, fein gehackt

Salz und frisch gemahlener schwarzer Pfeffer

Für das Relish und die Sauce

2 Kochäpfel, geschält, geviertelt und die Kerngehäuse entfernt

50 g Butter

1 gehäufter EL brauner Zucker

1 Zimtstange

1 Msp. getrocknete Chilischote

frisch geriebene Muskatnuss

500 ml herber Cidre

1 EL Mehl

Salz und frisch gemahlener schwarzer Pfeffer

Den Backofen auf 220 °C (Umluft 200 °C) vorheizen.

Den Fenchel mit dem Koriander und den Pfefferkörnern im Mörser leicht zerstoßen. Chili, Oregano, Salz, den Knoblauch und den Abrieb der Zitronenschale hinzufügen, alles zu einer Paste zermahlen. Die Mischung mit den Fingern in die Einschnitte in der Schweineschwarte hineinreiben. Das Fleisch mit der Schwarte nach oben in einen Bräter legen und die Schwarte mit dem Olivenöl einreiben. Großzügig mit Meersalzflocken und Pfeffer bestreuen und den Braten 20–25 Minuten auf der mittleren Schiene des Backofens garen, bis die Schwarte knusprig zu werden beginnt.

Inzwischen für die Fleischbällchen die Zwiebel in 1 Esslöffel Olivenöl glasig schwitzen. Den Knoblauch dazugeben und 1 Minute anschwitzen. Die Mischung anschließend in eine Schüssel füllen und etwas abkühlen lassen. Die übrigen Zutaten hinzufügen, kräftig mit Salz und Pfeffer würzen und das Ganze mit den Händen vermengen. 12–16 Bällchen aus der Masse formen, auf einem Teller verteilen, mit Frischhaltefolie abdecken und 30 Minuten in den Kühlschrank stellen.

Den Backofen auf 170 °C (Umluft 150 °C) herunterschalten und den Braten weitere 2 Stunden garen.

Inzwischen für das Relish die Apfelviertel in einem kleinen Bräter verteilen, mit Butterflöckchen besetzen und

mit dem Zucker bestreuen. Die Zimtstange, den Chili und etwas frisch geriebenen Muskat hinzufügen, 3 Esslöffel Cidre darüberträufeln und etwa 25 Minuten in den Ofen schieben, bis die Äpfel zu einem dicken Mus zerfallen sind. Aus dem Ofen nehmen und gegebenenfalls noch mit etwas Zucker abschmecken.

Die Backofentemperatur, in dem der Braten seit 2 Stunden gart, auf 220 °C (Umluft 200 °C) erhöhen. Die Wurstbrätbällchen in den Ofen schieben und mit dem Braten weitere 20–25 Minuten garen, bis die Schwarte sehr knusprig ist und die Bällchen eine goldbraune Farbe angenommen haben. Den Braten mit den Bällchen auf eine Platte geben, mit Alufolie abdecken und 15 Minuten ruhen lassen. Das im Bräter verbliebene Fett bis auf 1 Teelöffel abschöpfen. Das Mehl einrühren und 30 Sekunden anschwitzen. Den restlichen Cidre angießen und unter Rühren aufkochen lassen. Die Sauce gegebenenfalls noch einmal mit Salz, Pfeffer und/oder Zucker abschmecken. Dann den Braten aufschneiden und mit dem Relish, den Fleischbällchen und der Sauce servieren.

Donuts mit würziger Apfelfüllung

Diese feinwürzigen Donuts sind mit einem säuerlichen Apfelmus gefüllt und werden nach dem Ausbacken in Zucker gewälzt oder mit einem Zitronenguss überzogen. Meine sind ein wenig kleiner als gewöhnliche Donuts. Dann fällt es nicht so ins Gewicht, wenn man auch mal zwei (oder drei) auf einmal isst ...

Ergibt etwa 16 Stück

Für die Füllung

1 Bramley-Apfel oder 1 anderer sehr säuerlicher Kochapfel (z. B. Boskop), geschält und grob zerkleinert

3 kleine Tafeläpfel, geschält und grob zerkleinert

Saft von ½ Zitrone

2 EL Zucker

15 g Butter

Für die Donuts

175 ml Vollmilch

50 g heller Muscovado-Zucker

10 g Hefe

450 g Mehl (Type 550) plus Mehl zum Bestäuben

1 TL Zimt

½ TL gemahlener Ingwer

1 gehäufte Msp. gemahlene Gewürznelken

frisch geriebene Muskatnuss

½ TL Meersalz

1 großes Ei, verquirlt

1 großes Eigelb

1 großer Löffel Melasse

75 g weiche Butter

1,5 l Sonnenblumen- oder Erdnussöl

125 g Zucker

Saft von ½ Zitrone

3–5 EL Puderzucker

Benötigte Utensilien

ein runder Plätzchenausstecher (Ø 6 cm)

ein Zuckerthermometer

ein großer Spritzbeutel mit 1 cm breiter Tülle

Die Zutaten für die Füllung in einem großen Topf 5–6 Minuten bei geringer bis mittlerer Hitze und halb geöffnetem Deckel kochen, bis die Äpfel zerfallen sind. Dabei immer wieder umrühren. Den Deckel danach abnehmen und das Mus unter häufigem Rühren kochen lassen, bis es eingedickt ist. Den Topf vom Herd nehmen und das Apfelmus abkühlen lassen.

Für die Donuts die Milch erwärmen. 1 Teelöffel Muscovado-Zucker sowie die Hefe einrühren und das Ganze etwa 5 Minuten an einem warmen Platz ruhen lassen, bis sich auf der Milch ein dicker Schaum gebildet hat.

Das Mehl mit dem restlichen Muscovado-Zucker und den Gewürzen in eine Rührschüssel füllen und in der Mitte eine Mulde hineindrücken. Die Milchmischung, das Ei, das Eigelb, die Melasse und die Butter hineingeben. Die Zutaten mit den Knethaken des Mixers etwa 5 Minuten zu einem glatten, elastischen Teig verrühren. Den noch etwas klebrigen Teig zu einer Kugel formen, in eine große, mit Öl eingefettete Schüssel legen, mit Frischhaltefolie abdecken und mindestens 1 Stunde an einem warmen, vor Zugluft geschützten Platz gehen lassen, bis er sein Volumen verdoppelt hat.

Den Teig vorsichtig auf der Arbeitsfläche durchkneten, um eventuelle Luftblasen zu beseitigen. Die Arbeitsfläche leicht mit Mehl bestäuben und den Teig 1,5–2 cm dick ausrollen. Mit dem Ausstecher Kreise daraus ausstechen und auf zwei leicht bemehlten Backblechen verteilen. Dabei auf ausreichenden Abstand achten. Die Bleche lose mit Frischhaltefolie abdecken und den Teig nochmals 40–45 Minuten gehen lassen.

Das Sonnenblumenöl in einen großen Topf gießen (es sollte mindestens 10 cm hoch im Topf stehen) und auf 180–190 °C erhitzen (die Temperatur mit dem Zuckerthermometer prüfen). Ein großes Backblech mit drei Lagen Küchenpapier auslegen. Den Zucker in eine große Schüssel füllen. In einer kleinen Schüssel den Puderzucker mit dem Zitronensaft glatt rühren.

Die Donuts in kleinen Portionen (maximal 4 Stück auf einmal) auf jeder Seite 2 Minuten goldbraun ausbacken (darauf achten, dass das Öl nicht abkühlt). Mit einem Schaumlöffel aus dem Topf heben und auf Küchenpapier abtropfen lassen. Anschließend entweder im Zucker wälzen oder mit dem Zitronenguss bepinseln und auf einem Kuchengitter auskühlen lassen.

In die Donuts seitlich ein kleines Loch hineinbohren. Die Füllung in den Spritzbeutel füllen und durch das Loch in die Donuts spritzen.

Apfeltaschen

Um es gleich vorweg zu sagen: Für diese Apfeltaschen müssen Sie einen Blätterteig herstellen. Aber das sollte Sie nicht davon abhalten, weiterzulesen oder zu einem Tiefkühlprodukt zu greifen – glauben Sie mir, das ist wirklich keine Hexerei, und das Ergebnis wird Sie für Ihre Mühe mehr als entlohnen. Damit die Äpfel beim Backen nicht zerfallen, sollten Sie möglichst feste, knackige Früchte nehmen.

Ergibt 14–16 Stück

Für den Blätterteig

150 g Mehl (Type 405) plus Mehl zum Bestäuben

100 g Mehl (Type 550)

1 Prise Meersalz

250 g kalte Butter

1 mittelgrosses Eigelb, verquirlt

100 ml Eiswasser

1 TL Zitronensaft

1 mittelgrosses Ei, verquirlt, zum Bepinseln

Für die Füllung

4 Tafeläpfel (z.B. Braeburn oder Golden Delicious), geschält und in dünne Spalten geschnitten

15 g Butter

2 EL brauner Zucker

1 EL Zitronensaft

Benötigte Utensilien

ein runder Plätzchenausstecher (12 cm Ø) mit gewelltem Rand

Für den Teig beide Mehle in einer Rührschüssel mischen. Das Salz und 50 g Butter in Würfeln hinzufügen und die Butter mit den Fingerspitzen in das Mehl einarbeiten. In der Mitte eine Mulde hineindrücken und das Eigelb hineingeben. Das Eiswasser mit dem Zitronensaft verrühren. 75 ml Zitronenwasser zum Mehl geben und das Ganze mit einem Messer mit abgerundeter Klinge vermengen. Den Teig dann zunächst zu einer Kugel formen und danach zu einem Rechteck flach drücken. Mit Frischhaltefolie abdecken, 1 Stunde in den Kühlschrank stellen.

Den Teig auf der leicht bemehlten Arbeitsfläche zu einem 15 × 45 cm großen Rechteck ausrollen und so hinlegen, dass eine kurze Seite zu Ihnen zeigt. Die restliche Butter zwischen zwei Bögen Backpapier legen und mit dem Nudelholz zu einem Quadrat ausrollen, das etwas kleiner sein sollte als ein Drittel des Teigrechtecks. Die Butter in die Mitte des Rechtecks legen, das untere Drittel darüberklappen, das überschüssige Mehl mit dem Backpinsel entfernen und das obere Drittel darüberschlagen. Das so entstandene Quadrat im Uhrzeigersinn um 90 Grad drehen und erneut zu einem etwa 15 × 45 cm großen Rechteck ausrollen. Das untere Drittel wieder nach oben klappen und das obere Drittel darüberschlagen. Den Teig am Rand leicht zusammendrücken, in Frischhaltefolie verpacken und 1 Stunde in den Kühlschrank legen.

Das Ausrollen, Falten und Drehen noch zweimal wiederholen (der Teig muss insgesamt fünfmal ausgerollt werden) und den Teig vor der Weiterverarbeitung 2 Stunden im Kühlschrank ruhen lassen.

Inzwischen die Äpfel mit der Butter und dem Zucker etwa 5 Minuten zugedeckt bei geringer Hitze kochen. Sie sollten anschließend weich sein, aber nicht zerfallen. Dabei vorsichtig umrühren, damit die Äpfel nicht anhängen. Den Zitronensaft einrühren und abkühlen lassen.

Den Teig auf der leicht bemehlten Arbeitsfläche 2 mm dick ausrollen und mit dem Ausstecher Kreise daraus ausstechen. Jeweils 1 Teelöffel Füllung auf eine Seite setzen, die andere Seite mit kaltem Wasser bepinseln, über die Füllung schlagen, die Ränder fest zusammendrücken. Die Taschen mit dem verquirlten Ei bepinseln, auf zwei mit Backpapier ausgelegte Bleche verteilen und 30 Minuten kalt stellen.

Den Backofen auf 190 °C (Umluft 170 °C) vorheizen. Die Taschen nochmals mit Eigelb bepinseln, mit der Spitze eines kleinen, scharfen Messers ein Blattmuster hineinritzen und die Apfeltaschen 20–25 Minuten auf der mittleren Schiene backen, bis sie schön aufgegangen und goldbraun sind.

Tarte Tatin

Auf ein Rezept für einen Apfelkuchen hatte ich in diesem Buch zunächst verzichten wollen. Doch als ich so darüber nachdachte, welche Apfelkuchen ich besonders gerne mag, fiel mir auf, dass die französische Tarte Tatin ganz oben rangiert. Traditionell wird dieser Klassiker entweder aus Blätter- oder aus einem gehaltvollen Mürbeteig hergestellt. Ich denke aber, meine Version ist noch weit besser. Die Zubereitung ist zwar nicht ganz einfach, dafür ist der Teig ein Gedicht. Angesichts der Butter- und Frischkäsemenge mögen Sie vielleicht die Hände über dem Kopf zusammenschlagen, doch glauben Sie mir: Dieser Teig ist den karamellisierten Äpfeln absolut ebenbürtig.

Für 6 Personen

Für den Teig

200 g Mehl (Type 405) plus Mehl zum Bestäuben

1 Prise Meersalz

200 g kalte Butter, in Würfel geschnitten

180 g Frischkäse (Doppelrahmstufe)

Für den Belag

75 g zimmerwarme Butter

75 g Zucker

6–8 feste Tafeläpfel (z.B. Cox Orange, Braeburn oder Golden Delicious), geschält, die Kerngehäuse entfernt und geviertelt

Crème fraîche zum Servieren

Benötigte Utensilien

eine gusseiserne, ofenfeste Pfanne (Ø 26 cm)

eine Platte oder ein Topf (Ø 30–35 cm) zum Abmessen

Für den Teig das Mehl mit dem Salz in die Rührschüssel der Küchenmaschine füllen, die Butter hinzufügen und das Ganze 5 Sekunden verrühren (die Butterstückchen sollten gerade nur mit dem Mehl bedeckt sein). Den Frischkäse teelöffelweise unterrühren, bis sich die Butter und der Käse fast mit dem Mehl verbunden haben, aber noch Spuren davon zu erkennen sind.

Den Teig auf der leicht bemehlten Arbeitsfläche etwas durchkneten und zu einer Kugel formen. Zu einer Scheibe flach drücken, in Frischhaltefolie verpacken und mindestens 2 Stunden im Kühlschrank ruhen lassen.

Den Backofen auf 190 °C (Umluft 170 °C) vorheizen. Für den Belag den Boden und die Wände der gusseisernen Pfanne gleichmäßig mit der Butter bestreichen und mit dem Zucker bestreuen. Die Äpfel mit der Außenseite nach unten dicht an dicht in konzentrischen Kreisen auf dem Boden anordnen. Die Pfanne auf die Herdplatte stellen und die Äpfel ohne zu rühren 8–10 Minuten bei mittlerer Stufe erhitzen, bis die Butter und der Zucker geschmolzen sind und zu karamellisieren beginnen (um zu prüfen, ob das bereits der Fall ist, ein Apfelviertel vorsichtig anheben). Die Pfanne anschließend vom Herd nehmen.

Den Teig auf der leicht bemehlten Arbeitsfläche zu einer 30–35 cm großen Scheibe ausrollen (mit einer entsprechend großen Platte oder einem Topf abmessen). Die Ränder begradigen, den Teig vorsichtig hochheben und auf die Äpfel legen. Nun den Teig an den Seiten mit einer Palette vorsichtig nach unten schieben, sodass die Äpfel rundherum davon umschlossen sind. Die Pfanne noch einmal 1 Minute bei mittlerer Hitze auf die Herdplatte stellen und danach 25–30 Minuten auf der mittleren Schiene des Backofens backen, bis der Teig goldbraun und knusprig ist.

Die Tarte 2 Minuten in der Pfanne abkühlen lassen. Mit einer Palette am Rand entlangfahren, um sie zu lösen. Um den Kuchen zu stürzen, eine Servierplatte umgedreht auf die Pfanne legen. Das Ganze (mit Grillhandschuhen) gut festhalten, umdrehen und die Pfanne abheben. Die Tarte sofort mit Crème fraîche servieren.

Apfelkaramellbonbons

Sollten Sie gleich mehrere Apfelbäume besitzen, können Sie ein Lied von den Apfelmengen singen, die in guten Jahren anfallen. Hier eine Anregung, was man außer Kuchen und Saft noch aus den Äpfeln machen kann.

Ergibt 30–40 Stück

1 l naturtrüber oder frisch gepresster und gefilterter Apfelsaft

1 Zimtstange

1–2 Sternanis

2 Gewürznelken

75 g Butter, in Würfel geschnitten, plus Butter für die Form

175 g heller Muscovado-Zucker

125 g weisser Zucker

125 g Crème fraîche

1 gehäufte Msp. Meersalzflocken

Benötigte Utensilien

eine quadratische Backform mit 18 cm Seitenlänge

ein Zuckerthermometer

Die Backform mit Butter einfetten und mit Backpapier auskleiden.

Für den Apfel-Karamell-Sirup den Apfelsaft in einem großen Topf mit den Gewürzen zum Kochen bringen und bei geringer bis mittlerer Hitze zu einem honigfarbenen Sirup (125 g) einkochen lassen. Die Gewürze herausnehmen und den Sirup wiegen (die Menge lässt sich durch Wiegen genauer ermitteln als durch das Abmessen im Messbecher).

Den Sirup in einen Topf mit 2 Liter Fassungsvermögen gießen. Die Butter, die beiden Zucker und die Crème fraîche hinzufügen. Das Ganze bei geringer Hitze unter häufigem Rühren erhitzen, bis die Butter und der Zucker geschmolzen sind. Das Zuckerthermometer einhängen, die Mischung zum Kochen bringen und so lange kochen lassen, bis der Sirup eine Temperatur von 126 °C erreicht hat. Den Topf vom Herd nehmen, das Thermometer herausnehmen und die Meersalzflocken mit einem Teigspatel einrühren.

Den Sirup in die Form gießen und vollständig erkalten lassen. Anschließend mit einem leicht gefetteten Messer in kleine Quadrate schneiden und diese einzeln in Wachs- oder Backpapier verpacken. Der Karamell lässt sich leichter schneiden, wenn Sie ihn vorher 1 Stunde in den Kühlschrank stellen. In einem luftdicht verschlossenen Behälter können die Karamellbonbons bis zu 1 Woche im Kühlschrank aufbewahrt werden.

Den Saft für den Sirup können Sie auch selbst machen, indem Sie die Äpfel im Entsafter entsaften und den Saft anschließend durch Kaffeefiltertüten laufen lassen. Oder Sie nehmen einfach einen naturtrüben Apfelsaft. Wenn Sie den Sirup weniger stark einkochen lassen (auf 175–200 g), können Sie ihn zum Beträufeln von Kuchen und Pfannkuchen verwenden – oder Sie probieren einmal den Apfel-Crumble auf der nächsten Seite aus.

Apfel-Crumble mit Apfel-Karamell-Sirup

Ein Rezept für einen Apfel-Streuselkuchen kann immer von Nutzen sein. So ein Blechkuchen ist schnell gemacht und eignet sich ebenso gut zum Mitnehmen wie für einen gepflegten Nachmittagstee. Der besondere Clou daran ist der Apfel-Karamell-Sirup, den Sie, wenn es mal schnell gehen muss, zur Not auch durch Ahornsirup ersetzen können.

Ergibt 12–16 Stück

200 g Mehl (Type 405)
50 g Vollkorn-Dinkelmehl
125 g brauner Zucker
½ TL Backpulver
1 Prise Meersalz
175 g kalte Butter, in Würfel geschnitten, plus Butter für die Form
100 g Haferflocken
1 mittelgrosses Eigelb
2 EL Sahne oder Vollmilch
75 g Walnusskerne, grob gehackt
3 EL Apfel-Karamell-Sirup (siehe Seite 211) oder Ahornsirup

Für die Füllung

6 knackige Tafeläpfel
Saft von ½ Zitrone
½ TL Zimt
125 ml Apfelsaft
1 Prise Meersalz
2 TL Maisstärke

Benötigte Utensilien

eine rechteckige Backform (20 × 30 cm; 4 cm hoch)

Für die Füllung die Äpfel schälen, die Kerngehäuse entfernen und das Fruchtfleisch über einem großen Topf in dünne Spalten schneiden. Den Zitronensaft, den Zimt, die Hälfte des Apfelsafts und das Salz hinzufügen und die Äpfel etwa 5 Minuten bei mittlerer Hitze kochen, bis sie gerade weich sind. Die Maisstärke in einer kleinen Schüssel mit dem restlichen Apfelsaft anrühren. In den Topf gießen, gut umrühren und 45–60 Sekunden kochen lassen, bis die Mischung eingedickt ist. Die Äpfel dann auf Zimmertemperatur abkühlen lassen.

Die Backform mit Butter einfetten und mit Backpapier auskleiden. Den Backofen auf 170 °C (Umluft 150 °C) vorheizen.

Beide Mehle in der Rührschüssel der Küchenmaschine mit Zucker, Backpulver und Salz mischen. Die Butter kurz unterrühren, die Haferflocken hinzufügen und alles zu einem krümeligen Teig verrühren. Den Teig in eine große Rührschüssel geben. Das Eigelb mit der Sahne oder Milch verrühren und – zunächst mit einer Palette und danach mit den Fingern – mit dem Teig vermengen. Zwei Drittel des Teigs in die Form füllen, mit den Händen gleichmäßig auf dem Boden verteilen und dabei gut andrücken. Den Teig anschließend etwa 15 Minuten auf der mittleren Schiene des Backofens goldbraun backen.

Aus den Walnüssen und dem restlichen Teig Streusel machen. Nun die Füllung gleichmäßig auf dem Boden verteilen, den Sirup darüberträufeln und die Walnussstreusel darüberstreuen. Den Kuchen etwa 30 Minuten auf der mittleren Schiene backen, bis der Teig goldbraun ist. Dann den Kuchen vollständig auskühlen lassen und vor dem Servieren in kleine Quadrate oder Rechtecke schneiden.

Apfel-Birnen-Relish mit geräuchertem Chili

Dieses fruchtig-pikante Relish passt vorzüglich zu einem nussigen Hartkäse oder Aufschnitt. Wenn ich nicht gerade Unmengen an Früchten verarbeiten muss, koche ich Chutneys, Relishes und Pickles in der Regel nur in kleineren Mengen. So ist in meiner Speisekammer auch noch Platz für viele andere Köstlichkeiten, und es ist für Abwechslung gesorgt.

Ergibt 4 Gläser à 450 g

2 grosse getrocknete, geräucherte Chipotle-Chilischoten

4 knackige Tafeläpfel, geschält und in Würfel geschnitten

4 feste Birnen, geschält und in Würfel geschnitten

400 ml Cidre-Essig

325 g heller Muscovado-Zucker

3 grosse Schalotten, fein gehackt

2 Knoblauchzehen, zerdrückt

1 Stück (4 cm) frischer Ingwer, gerieben

1 TL Fenchelsamen

1 TL Cayennepfeffer

½ TL frisch gemahlener schwarzer Pfeffer

1 TL Meersalzflocken

Benötigte Utensilien

4 Schraubgläser à 450 g Fassungsvermögen

Während Sie die übrigen Zutaten vorbereiten, die Chilischoten in einer Schüssel mit kochend heißem Wasser einweichen.

Die Früchte mit den übrigen Zutaten in einen großen Edelstahltopf füllen. Die Chilischoten abgießen, die Stiele entfernen und die Schoten – mit den Samen – fein hacken. In den Topf geben und umrühren. Die Früchte bei geringer bis mittlerer Hitze zum Kochen bringen und dabei gelegentlich umrühren. Etwa 40 Minuten lang köcheln lassen, bis sie weich sind und die Flüssigkeit sirupartig eingedickt ist.

Das Relish in die noch warmen sterilisierten Gläser (siehe Seite 132) füllen, die Gläser verschließen und das Relish vollständig abkühlen lassen. Dann die Gläser mit Etiketten versehen und das Relish vor dem Genuss 1 Monat an einem kühlen, lichtgeschützten Ort ruhen lassen. Angebrochene Gläser können maximal 2 Monate im Kühlschrank aufbewahrt werden. Ungeöffnet ist das Relish bis zu 6 Monate lang haltbar.

Selbst gemachter Joghurt mit Apfel-Birnen-Kompott und Müsli

Ich finde es ungemein befriedigend, alles, was zu einem gesunden Frühstück gehört, selbst gemacht zu haben – und dazu gehört für mich auch der Joghurt. Sie können jedoch selbstverständlich ebenso gut einen gekauften nehmen. Die Mengen für den Joghurt und das Müsli sind bei diesem Rezept so berechnet, dass Sie damit gleich für eine ganze Woche ausgesorgt haben.

Für 6 Personen

Für den Joghurt

1 l Bio-Vollmilch

75 g Bio-Naturjoghurt mit lebenden Kulturen

Für das Müsli

100 g Haferflocken

50 g Roggen- oder Dinkelflocken

50 g Mandeln oder Mandelblättchen

50 g ungesalzene Pistazienkerne

75 g gemischte Samen (z.B. Kürbiskerne, Sesam und Leinsamen)

100 g klarer Honig

2 EL Olivenöl

1 TL Vanilleextrakt oder -paste

¼ TL Zimt

1 Prise Meersalz

Für das Kompott

3 Äpfel, geviertelt und die Kerngehäuse entfernt

2 Birnen, geviertelt und die Kerngehäuse entfernt

3 EL klarer Honig

1 TL Vanillepaste

50 g Butter

1 gehäufte Msp. Zimt

frisch geriebene Muskatnuss

Benötigte Utensilien

ein Zuckerthermometer

ein grosses Einmachglas

Für den Joghurt die Milch bei geringer bis mittlerer Hitze auf 82 °C erhitzen. Den Topf dann sofort vom Herd nehmen (das Thermometer jedoch nicht entfernen) und die Milch auf 45 °C abkühlen lassen. Nun den Joghurt einrühren und die Mischung in das noch warme sterilisierte Einmachglas (siehe Seite 132) gießen. Das Glas verschließen, in zwei oder drei saubere Geschirrtücher einschlagen und 4–12 Stunden an einen warmen Ort – z. B. neben den Herd – stellen, bis die Mischung eingedickt ist. Dabei nicht umrühren.

Für das Müsli den Backofen auf 150 °C (Umluft 130 °C) vorheizen und ein großes Backblech mit Backpapier auslegen. Die Hafer-, Roggen- oder Dinkelflocken, die Nüsse und die Samen in eine große Rührschüssel füllen, die übrigen Zutaten hinzufügen und alles gut vermischen. Die Mischung auf dem Blech verteilen und im Backofen unter häufigem Wenden etwa 30 Minuten goldbraun rösten. Die Mischung anschließend abkühlen lassen und in einem Schraubglas oder einer luftdichten Dose aufbewahren.

Für das Kompott den Backofen auf 180 °C (Umluft 160 °C) vorheizen und eine mittelgroße Backform mit Backpapier auskleiden. Die Früchte in die Form füllen, mit dem Honig und der Vanillepaste beträufeln, mit Butterflöckchen besetzen und mit den Gewürzen bestreuen. Die Zutaten vorsichtig durchmischen und die Früchte etwa 40 Minuten auf der mittleren Schiene des Ofens weich garen. Etwas abkühlen lassen und mit dem Joghurt und dem Müsli zum Frühstück servieren.

Ähnlich wie bei einem Sauerteigbrot, für das man einen Starter braucht, ist es auch beim Joghurt: Um einen frischen Joghurt anzusetzen, benötigen Sie lediglich 75 g – selbst gemachten oder gekauften – Joghurt und rühren ihn in warme Milch ein. Das Ganze können Sie endlos wiederholen. Wenn Sie Ihren Joghurt nicht neben dem Herd fermentieren wollen, füllen Sie den Ansatz einfach in eine Thermosflasche, verschließen die Flasche und lassen die Mischung abkühlen sowie eindicken. Den fertigen Joghurt füllen Sie dann in saubere Gläser und stellen ihn in den Kühlschrank.

Birnen, mit Hibiskusblüten pochiert

Zum ersten Mal gekocht und gegessen habe ich dieses Dessert während meiner Zeit bei Suzanne Zeidy, einer faszinierenden ägyptischen Kochbuchautorin und Gastronomin. Und dies ist nun meine Version. Getrocknete Hibiskusblüten bekommen Sie in arabischen Lebensmittelgeschäften oder über das Internet. Sie verleihen den Birnen eine herrlich intensive Farbe und eine leicht florale Note.

Für 6 Personen

6 reife Williams- oder Conference-Birnen

25 g getrocknete Hibiskusblüten

2 Streifen unbehandelte Zitronenschale

2 Streifen unbehandelte Orangenschale

200 g Zucker

300 ml süsser Roséwein

2 Sternanis

Die Birnen mit dem Gemüseschäler schälen, ohne die Stiele zu entfernen. Die Hibiskusblüten mit den Zitrusschalen, dem Zucker und dem Wein in einen großen Topf (die Birnen sollten darin bequem nebeneinander Platz haben) geben. Den Sternanis dazufügen und das Ganze zum Kochen bringen. Sobald sich der Zucker aufgelöst hat, die Birnen in die Flüssigkeit legen und so viel Wasser angießen, dass die Früchte mit Flüssigkeit bedeckt sind. Aus Backpapier einen Kreis im Durchmesser des Topfes zurechtschneiden und auf die Flüssigkeit legen.

Die Birnen etwa 30 Minuten lang köcheln lassen, bis sie weich sind. Die Kochzeit ist von der Größe und Reife der Früchte abhängig. Prüfen Sie deshalb gelegentlich durch Einstechen mit einem kleinen, scharfen Messer, ob die Birnen bereits weich sind. Den Topf anschließend vom Herd nehmen und die Früchte in der Flüssigkeit abkühlen lassen. Je länger sie in der Flüssigkeit liegen, desto stärker nehmen sie die rote Farbe der Hibiskusblüten an.

Die Birnen in einer Servierschüssel anrichten, mit etwas Pochierflüssigkeit umgießen und servieren.

In der Regel verwendet man getrocknete Hibiskusblüten, um daraus einen köstlich erfrischenden Tee herzustellen. Dazu überbrüht man die Blüten mit kochendem Wasser und lässt sie eine Weile darin ziehen. Anschließend wird der Tee gesüßt, abgeseiht und kalt auf Eis serviert.

Windbeutel mit Birnen, Schlagsahne und Schokoladensauce

Karamellisierte Birnen mit einer Schlagsahnehaube auf zartem Brandteig, das Ganze überzogen mit einer heißen Schokoladensauce – wer könnte da widerstehen ...

Ergibt 30–35 Stück; für 6 Personen

Für den Sandteig

40 g weiche Butter

50 g Demerarazucker

40 g Mehl (Type 405)

10 g ungesüsstes Kakaopulver

1 Prise Zimt

1 Prise Meersalz

Für den Brandteig

100 ml Vollmilch

80 g Butter, in Würfel geschnitten

1 Prise Meersalz

1 TL Zucker

125 g Mehl (Type 405)

4 mittelgrosse Eier, verquirlt

Für die Birnen und die Sauce

4 Birnen, geschält und in kleine Würfel geschnitten

75 g Zucker

600 ml Sahne

150 g Zartbitterschokolade, gehackt

1 gehäufter EL Demerarazucker

2 EL Marsala

Benötigte Utensilien

ein grosser Spritzbeutel mit 1 cm breiter Tülle

ein runder Plätzchenausstecher (Ø 1,5 cm)

Für den Sandteig die Butter mit dem Zucker cremig aufschlagen. Mehl, Kakaopulver, Zimt und Salz unterrühren und den Teig leicht durchkneten, bis er glatt ist. Zu einer Scheibe flach drücken, zwischen zwei Bögen Backpapier legen, 1–2 mm dick ausrollen und 1 Stunde im Kühlschrank ruhen lassen.

Für den Brandteig den Backofen auf 180 °C (Umluft 160 °C) vorheizen und zwei Backbleche mit Backpapier auslegen. Die Milch bei mittlerer Hitze unter Rühren mit der Butter, dem Salz und dem Zucker erhitzen, bis die Butter geschmolzen ist. Einmal aufkochen lassen und sofort vom Herd nehmen. Das gesiebte Mehl auf einmal hineingeben und das Ganze kräftig mit einem Kochlöffel schlagen, bis ein glatter Teig entstanden ist. Den Teig bei geringer Hitze 1 Minute unter Rühren erhitzen, bis er seidig glänzt und sich vom Topf löst.

Den Teig in eine Rührschüssel geben und die Eier einzeln unterrühren, bis er schwer reißend vom Löffel fällt (eventuell benötigen Sie nicht alle Eier). In den Spritzbeutel füllen und 30–35 Häufchen auf die Bleche spritzen. Dabei auf ausreichenden Abstand achten. Mit dem Ausstecher 30–35 Kreise aus dem Sandteig ausstechen, auf die Brandteighäufchen legen und die Windbeutel etwa 12 Minuten auf der mittleren Schiene backen, bis sie aufgegangen und goldbraun sind. Jeden Windbeutel auf der Seite mit einem Stäbchen einstechen und das Blech nochmals für 1 Minute in den Ofen schieben. Die Windbeutel anschließend auf einem Kuchengitter auskühlen lassen.

Die Birnen in eine große Pfanne geben, mit dem weißen Zucker bestreuen und unter häufigem Rühren 3–4 Minuten bei mittlerer Hitze anschwitzen, bis sie weich und karamellisiert sind. Die Früchte danach abkühlen lassen.

Die Hälfte der Sahne schlagen, bis sie feste Spitzen bildet. Die restliche Sahne mit der Schokolade und dem Demerarazucker bei geringer Hitze unter Rühren erhitzen, bis die Schokolade geschmolzen ist. Den Marsala hinzufügen und die Sauce glatt rühren. Die Windbeutel halbieren. Die Birnen auf den unteren Hälften verteilen, mit Schlagsahne garnieren und die oberen Hälften daraufsetzen. Mit der warmen Schokoladensauce servieren.

Crème caramel mit Marsala-Birnen

Crème fraîche macht diese Karamellcreme besonders sahnig. Die Birnen und die Creme können bereits im Voraus zubereitet werden, die Birnen sollten allerdings zimmerwarm serviert werden. Oder Sie servieren diese zur Abwechslung einmal warm mit Vanilleeis und warmer Schokoladensauce.

Für 6 Personen

Für die Crème caramel

200 g Zucker

350 ml Vollmilch

1 Vanilleschote, der Länge nach aufgeschlitzt und das Mark herausgekratzt

4 mittelgrosse Eier

2 mittelgrosse Eigelb

175 g Crème fraîche

Für die Birnen

6 kleine reife Birnen, halbiert und die Kerngehäuse mit einem Kugelausstecher entfernt

125 g Zucker

1 Vanilleschote, der Länge nach aufgeschlitzt und die Hälften in der Mitte durchgeschnitten

1 Zimtstange

50 g blanchierte Haselnusskerne

250 ml Marsala

Saft von 1 Zitrone

Benötigte Utensilien

6 Puddingförmchen

ein feinmaschiges Nylonsieb

Für die Karamellcreme 125 g Zucker in einem kleinen Topf mit schwerem Boden mit 2 Esslöffeln heißem Wasser bei geringer Hitze erhitzen, bis sich der Zucker aufgelöst hat. Dabei nicht umrühren. Die Wärmezufuhr erhöhen und den Zucker kochen lassen, bis ein dunkler Karamell entstanden ist. Eventuelle Zuckerkristalle mit einem nassen Backpinsel von den Topfwänden entfernen und den Topf immer wieder schwenken, sobald der Karamell Farbe annimmt. Dann den Karamell in die Förmchen gießen und fest werden lassen. Die Milch in den Topf gießen, das Vanillemark mit der Schote hinzufügen und langsam zum Kochen bringen. Sobald die Milch aufkocht, den Topf vom Herd nehmen und die Milch 20 Minuten ziehen lassen.

In einer großen Schüssel die Eier mit den Eigelben und dem restlichen Zucker verrühren. Dabei darauf achten, dass sich keine Luftblasen bilden. Die Crème fraîche einrühren, die Milch noch einmal bei geringer Hitze heiß werden lassen, über die Eiermischung gießen und alles gut verrühren. Die Mischung durch das Nylonsieb in eine Schüssel passieren und dann 2 Stunden lang ruhen lassen.

Den Backofen auf 150 °C (Umluft 130 °C) vorheizen. Die Förmchen in einen Bräter stellen, die Creme gleichmäßig auf die Förmchen verteilen und den Bräter auf der mittleren Schiene des Backofens einschieben. So viel kochendes Wasser hineingießen, dass die Förmchen bis zur halben Höhe im Wasser stehen. Die Cremes 20–25 Minuten kochen lassen, bis sie fest, in der Mitte aber noch etwas weich sind. Aus dem Ofen nehmen und im Wasserbad vollständig abkühlen lassen. Anschließend mit Frischhaltefolie abdecken und über Nacht in den Kühlschrank stellen.

Den Backofen auf 170 °C (Umluft 150 °C) vorheizen. Die Birnen mit der Schnittfläche nach oben in einen Bräter legen und mit dem Zucker bestreuen. Die Vanilleschote, die Zimtstange und die Nüsse dazwischen verteilen. Den Marsala und 100 ml kaltes Wasser angießen, den Zitronensaft hinzufügen und die Früchte etwa 25 Minuten auf der mittleren Schiene des Backofens weich garen. Anschließend herausnehmen und abkühlen lassen.

Anschließend die Cremes mit einer Palette von den Wänden der Förmchen lösen, auf Teller stürzen und die Birnen daneben anrichten.

Würziger Schokoladenkuchen mit Birnen und Karamellsauce

Damit die für dieses Rezept verwendeten Gewürze ihr Aroma voll entfalten können, sollte dieser Kuchen idealerweise bereits am Vortag gebacken werden.

Für 8 Personen

150 g Butter plus Butter für die Form

100 g Golden Syrup

75 g Melasse

150 g Demerarazucker

50 g Zartbitterschokolade (70 % Kakaoanteil), gehackt

150 ml dunkles Bier oder kochendes Wasser

2 Stückchen eingelegter Ingwer, gehackt

½ TL Backnatron

200 g Mehl (Type 405)

1 TL Backpulver

3–4 TL gemahlener Ingwer

1 gehäufter TL Zimt

½ TL Lebkuchengewürz

¼ TL frisch gemahlener schwarzer Pfeffer

1 Prise Chilipulver

1 Prise feines Meersalz

3 grosse Eier, verquirlt

Für die Birnen

4 kleine reife Birnen

20 g Butter

1 EL Ingwersirup (aus dem Glas mit dem eingelegten Ingwer)

Für die Sauce

100 g Zucker

300 ml Sahne

3 EL Bourbon

25 g Zartbitterschokolade

1 Prise Meersalz

Benötigte Utensilien

eine Kastenform (11 × 26 cm) mit 900 g Fassungsvermögen

Den Backofen auf 170 °C (Umluft 150 °C) vorheizen und ein Backblech im unteren Drittel des Ofens einschieben. Die Kastenform mit Butter einfetten und mit gefettetem Backpapier auskleiden.

In einem großen Topf die Butter mit Golden Syrup (Zuckerrübensirup), Melasse, Zucker, Schokolade und dem Bier bei geringer Hitze unter häufigem Rühren erhitzen, bis sich der Zucker aufgelöst hat und die Butter geschmolzen ist. Die Mischung glatt rühren und vom Herd nehmen. Dann den eingelegten Ingwer sowie das Natron einrühren und abkühlen lassen.

Das Mehl mit dem Backpulver und den Gewürzen in eine große Rührschüssel sieben. Die Eier in die Biermischung rühren und nach und nach (in drei Portionen) unter das Mehl rühren. Den Teig noch 1 Minute durchrühren, in die Form füllen und 30 Minuten backen.

Inzwischen die Birnen schälen, vierteln und die Kerngehäuse entfernen, die Stiele aber nicht abtrennen. In einen kleinen Bräter legen, die Butter und den Ingwersirup (oder 25 g Zucker) hinzufügen, die Birnen darin wenden. Dann die Birnen über dem Kuchen in den Ofen einschieben und 15–20 Minuten garen, bis sie weich und an den Rändern leicht karamellisiert sind.

Den Kuchen nach 30 Minuten aus dem Ofen nehmen, die Birnen darauf anrichten (damit die Birnen nicht einsinken, vorher genau prüfen, ob der Kuchen ausreichend durchgebacken ist) und dann den Kuchen noch einmal für 30 Minuten in den Ofen schieben, bis er schön aufgegangen ist. Um die Garprobe zu machen, in der Mitte mit einem Holzstäbchen hineinstechen. Der Kuchen ist fertig, wenn das Stäbchen sauber bleibt. 30 Minuten in der Form abkühlen lassen und danach auf einem Kuchengitter vollständig auskühlen lassen.

Sobald der Kuchen ausgekühlt ist, die Sauce zubereiten. Dazu den Zucker in einem Topf mit schwerem Boden bei geringer Hitze mit 2 Esslöffeln Wasser erhitzen, bis er sich aufgelöst hat. Dabei nicht umrühren. Die Wärmezufuhr erhöhen und den Sirup kochen lassen, bis ein goldgelber Karamell entstanden ist. Den Topf vom Herd nehmen und die Sahne langsam einrühren. Dann den Topf bei geringer Hitze erneut auf die Herdplatte stellen, damit der Karamell wieder flüssig wird. Zum Schluss den Bourbon, die Schokolade und das Salz einrühren. Den Kuchen mit der Sauce überziehen und servieren.

Butternusskürbis-Suppe mit Birnen und Kastanien

So ein großer Topf mit Suppe, die auf dem Herd vor sich hin köchelt, hat schon etwas Anheimelndes. Ich mag das süßliche, cremige Fruchtfleisch des Butternusskürbisses sehr, und die leuchtende gelb-orange Farbe dieser Suppe ist genau das Richtige, um die Stimmung an dunklen Herbsttagen aufzuhellen. Pikante Salami oder Chorizo und salzige Pancetta bilden einen herrlichen Kontrast zur Süße der Birnen und dem milden Kürbisgeschmack.

Für 6–8 Personen

1 grosse Zwiebel, gehackt

1 kleine Stange Lauch, gehackt

1 Stange Sellerie, gehackt

1 Karotte, in Würfel geschnitten

2 Knoblauchzehen, gehackt

5 Scheiben Pancetta, in Würfel geschnitten

2 grosse Zweige Thymian

2 EL Olivenöl

25 g Butter

1 mittelgrosser Butternusskürbis

3 reife Williams- oder Conference-Birnen

150 g Esskastanien, gekocht und geschält

etwa 800 ml heisse Hühnerbrühe

100 ml Sahne

150 g ungarische Mangalitza-Salami oder Chorizo, in Würfel geschnitten

Salz und frisch gemahlener schwarzer Pfeffer

Die Zwiebel mit dem übrigen Gemüse, dem Knoblauch und der Pancetta in einen großen Topf geben. 1 Thymianzweig, 1 Esslöffel Olivenöl und die Butter hinzufügen und das Gemüse etwa 10 Minuten bei geringer bis mittlerer Hitze anschwitzen, ohne dass es Farbe annimmt.

In der Zwischenzeit den Kürbis schälen, die Kerne entfernen und das Fruchtfleisch in Würfel schneiden. 2 Birnen schälen, vierteln, die Kerngehäuse entfernen und das Fruchtfleisch ebenfalls in Würfel schneiden.

Den Kürbis und die Birnen mit 100 g Kastanien zum Gemüse geben und 2–3 Minuten anschwitzen. Die Brühe angießen, großzügig mit Salz und Pfeffer würzen, den Deckel auflegen und das Ganze zum Kochen bringen. Die Wärmezufuhr danach verringern und das Gemüse etwa 30 Minuten köcheln lassen, bis der Kürbis weich ist. Um die Garprobe zu machen, mit der Spitze eines Messers hineinstechen.

Den Thymianzweig herausnehmen und die Suppe mit dem Stabmixer glatt rühren. Die Sahne und – sollte die Suppe zu dick sein – noch etwas Brühe einrühren und die Suppe noch einmal abschmecken.

Die restliche Birne schälen, das Kerngehäuse entfernen und das Fruchtfleisch in feine Spalten schneiden. Das restliche Öl in einer Pfanne erhitzen und die Salami oder Chorizo darin anbraten, bis sie Farbe annimmt. Die Birne, die restlichen Kastanien und die abgezupften Blätter des zweiten Thymianzweigs dazugeben und das Ganze noch etwa 1 Minute braten, bis die Birne weich ist und zu karamellisieren beginnt.

Die Suppe auf Suppenschalen verteilen, jeweils mit 1 großen Löffel der Salami- oder Chorizomischung bestreuen und sofort servieren.

Galette mit Äpfeln, Birnen und Quitten

Kein anderer Obstkuchen ist so leicht zu backen wie eine Galette, für die es weder einer Form noch einer besonderen Geschicklichkeit bedarf. Die Mischung aus Weizen- und Roggenmehl, die ich hier für den Teig verwendet habe, macht ihn schön knusprig und verleiht ihm einen nussigen Geschmack. Anstelle von Roggenmehl können Sie auch Dinkelmehl nehmen.

Für 6–8 Personen

Für den Teig

200 g Mehl (Type 405) plus Mehl zum Bestäuben

100 g Roggenmehl

1 kräftige Prise Meersalz

200 g kalte Butter

40 g Haselnusskerne, fein gemahlen

40 g Zucker

3 EL Eiswasser

2 TL Cidre-Essig oder Zitronensaft

Für die Füllung

Saft von 1 Zitrone

100 g Zucker plus 3 EL Zucker

3 kleine Quitten

3 knackige Äpfel, geschält, geviertelt und in feine Spalten geschnitten

3 reife Birnen, geschält, geviertelt und in feine Spalten geschnitten

½ TL Zimt

40 g Butter

1 EL Milch

Für den Teig die beiden Mehle mit dem Salz in eine große Rührschüssel füllen. Die Butter grob teilen, dann zunächst mit einem Messer mit abgerundeter Klinge in das Mehl schneiden und danach mit den Fingern in das Mehl hineinreiben. Sie sollte sich nicht vollständig mit dem Mehl verbinden, sondern es sollten noch Butterspuren erkennbar sein. Anschließend die Haselnüsse und den Zucker kurz unterrühren. Das Eiswasser mit dem Essig oder Zitronensaft verrühren und bis auf einen kleinen Rest zum Teig geben. Das Ganze mit dem Messer zu einem Teig verarbeiten und gegebenenfalls noch die restliche Flüssigkeit hinzufügen. Den Teig, möglichst ohne ihn zu kneten, zu einer Kugel formen und danach zu einer Scheibe flach drücken. Mit Frischhaltefolie abdecken und 2 Stunden lang im Kühlschrank ruhen lassen.

Inzwischen für die Füllung 500 ml kaltes Wasser mit dem Zitronensaft und dem Zucker in einen mittelgroßen Topf geben. Eine Quitte schälen, vierteln, das Kerngehäuse entfernen und die Frucht sofort in den Topf legen. Mit den beiden restlichen Quitten ebenso verfahren. Die Früchte bei mittlerer Hitze zum Kochen bringen. Inzwischen aus Backpapier einen Kreis im Durchmesser des Topfes ausschneiden. Sobald sich der Zucker aufgelöst hat, die Quitten mit dem Backpapier abdecken und etwa 25 Minuten köcheln lassen, bis sie weich sind. Die Früchte danach in der Flüssigkeit abkühlen lassen.

Den Backofen auf 180 °C (Umluft 160 °C) vorheizen und ein Backblech mit Backpapier auslegen. Die Apfel- und Birnenspalten in eine große Schüssel füllen. Die Quitten abtropfen lassen, in Spalten schneiden und dazugeben. 2 Esslöffel Zucker und den Zimt darüberstreuen und alles gut durchmischen.

Den Teig auf der leicht bemehlten Arbeitsfläche zu einer 2–3 mm dicken Scheibe ausrollen. Auf das Blech legen, die Früchte in der Mitte verteilen (dabei rundherum einen 8 cm breiten Rand frei lassen) und mit Butterflöckchen besetzen. Den Rand über die Früchte klappen, den Teig mit der Milch bepinseln und mit dem restlichen Zucker bestreuen und die Galette 10 Minuten auf der mittleren Schiene backen. Die Temperatur danach auf 170 °C (Umluft 150 °C) reduzieren und den Kuchen weitere 25–30 Minuten backen, bis er goldbraun und knusprig ist. Die Galette warm servieren.

Mandeltarte mit Quitten

Marsala, Zimt, Lorbeer und Orangenblütenwasser machen diese ungewöhnliche Tarte zu einer wahren Geschmackssinfonie.

Für 8 Personen

Saft von 1 Zitrone

100 g Zucker

4 kleine Quitten

50 g Butter

125 g klarer Honig

2 EL Marsala

1 kleine Zimtstange

2 Lorbeerblätter

2 Streifen unbehandelte Orangenschale

2 Streifen unbehandelte Zitronenschale

Saft von ½ Orange

Für den Mürbeteigboden

125 g Mehl (Type 405)

100 g kalte Butter, in Würfel geschnitten

40 g Puderzucker plus Puderzucker zum Bestäuben

1 Prise Salz

Für den Mandelteig

4 große Eier, getrennt

175 g Zucker

abgeriebene Schale von 1 unbehandelten Zitrone

½ TL Zimt

1 TL Orangenblütenwasser

225 g gemahlene Mandeln

1 Prise Salz

Benötigte Utensilien

eine Springform (Ø 21 cm)

eine kleine Backform

600 ml kaltes Wasser in einen mittelgroßen Topf gießen und den Zitronensaft mit dem Zucker hineingeben. Eine Quitte schälen, vierteln und sofort in den Topf legen. Mit den restlichen Quitten genauso verfahren. Die Früchte bei mittlerer Hitze zum Kochen bringen. Inzwischen aus Backpapier einen Kreis im Durchmesser des Topfes ausschneiden. Sobald sich der Zucker aufgelöst hat, die Quitten mit dem Backpapier abdecken und etwa 25 Minuten köcheln lassen, bis sie weich sind.

Den Backofen auf 180 °C (Umluft 160 °C) vorheizen und den Boden der Springform mit Backpapier auslegen. Für den Mürbeteig das Mehl mit der Butter, dem Puderzucker und dem Salz in die Küchenmaschine geben und die Zutaten zu einem krümeligen Teig verrühren. Den Teig mit den Händen gleichmäßig auf dem Boden der Form verteilen und 12–15 Minuten auf der mittleren Schiene des Backofens goldgelb backen.

Eine Backform mit Backpapier auskleiden. Die Quitten aus dem Topf nehmen und 8 Quittenviertel mit dem Kerngehäuse nach oben in die Form schichten. Mit Butterflöckchen besetzen und mit Honig und Marsala beträufeln. Die Zimtstange, die Lorbeerblätter und die Zitrusschalen dazwischen verteilen, den Orangensaft mit 2 Esslöffeln Pochierflüssigkeit in die Form gießen, die Quitten lose mit Backpapier abdecken und 40 Minuten auf der mittleren Schiene des Ofens sehr weich garen. Um die Garprobe zu machen, mit der Spitze eines scharfen Messers hineinstechen. Die Früchte anschließend in der Form abkühlen lassen.

Die restlichen Quitten von den Kerngehäusen befreien, in dünne Spalten schneiden und auf dem Mürbeteigboden verteilen. Für den Mandelteig die Eigelbe mit dem Zucker schaumig schlagen. Die abgeriebene Zitronenschale, den Zimt und das Orangenblütenwasser einrühren, die Mandeln unterziehen. In einer zweiten Schüssel die Eiweiße mit dem Salz steif schlagen und vorsichtig unter die Mandelmischung ziehen. Die Mischung gleichmäßig auf den Quitten verstreichen und die Tarte 40 Minuten auf der mittleren Schiene des Backofens goldbraun backen. Um die Garprobe zu machen, in der Mitte mit einem Holzstäbchen hineinstechen. Die Tarte ist fertig, wenn das Stäbchen sauber bleibt. Die Tarte in der Form abkühlen lassen. Vor dem Servieren mit Puderzucker bestäuben und die gebackenen Quitten getrennt dazu reichen.

Schweinshaxe und Radicchiosalat mit eingelegten Quitten

Eingelegte Quitten halten sich wochenlang im Kühlschrank und schmecken vorzüglich zu Aufschnitt, vor allem aber zu Schinken. Gehackt können sie außerdem in Farcen für Schweinefleisch und Lamm verarbeitet werden.

Für 6 Personen

1 Schweinshaxe
1 Zwiebel, geviertelt
1 Karotte, grob gehackt
1 Stange Sellerie, grob gehackt
1 Lorbeerblatt
1 Zweig Thymian
3–4 schwarze Pfefferkörner
1 EL Dijon-Senf
2 EL klarer Honig

Für die eingelegten Quitten

550 ml Cidre-Essig
400 g brauner Zucker
4 Gewürznelken
3 Wacholderbeeren
4 schwarze Pfefferkörner
1 Sternanis
1 Zimtstange
1 Lorbeerblatt
2 Streifen unbehandelte Zitronenschale
4 Quitten

Zum Servieren

75 g Walnusskerne
1 Kästchen Gartenkresse
1 kleiner Radicchio, die Blätter abgelöst
5 EL Walnussöl
2 EL Cidre-Essig
1 gehäufter TL Dijon-Senf
2 EL glatte Petersilie, grob gehackt
Salz und frisch gemahlener schwarzer Pfeffer

Benötigte Utensilien

2 Schraubgläser à 450 g Fassungsvermögen

Die Zutaten für die eingelegten Quitten – bis auf die Früchte selbst – in einem großen Edelstahltopf langsam zum Kochen bringen, damit sich der Zucker auflöst. 2 Minuten köcheln lassen, dann den Topf vom Herd nehmen und den Sud 30 Minuten durchziehen lassen.

Eine Quitte schälen, vierteln und das Kerngehäuse entfernen. Die Viertel je nach Größe noch einmal halbieren oder dritteln und sofort in den Sud legen, damit sich das Fruchtfleisch nicht verfärbt. Mit den übrigen Quitten ebenso verfahren. Die Quitten mit Backpapier abdecken, den Sud zum Kochen bringen und 30 Minuten lang köcheln lassen, bis die Quitten weich sind. Um die Garprobe zu machen, mit der Spitze eines scharfen Messers hineinstechen. Die Quitten mit dem Sud in die noch warmen sterilisierten Gläser (siehe Seite 132) füllen, die Gläser verschließen und die Quitten vollständig abkühlen lassen. Die Gläser danach mit Etiketten versehen und im Kühlschrank aufbewahren.

Die Schweinshaxe in einen hohen Topf legen. Das Gemüse, die Kräuter und die Pfefferkörner hinzufügen, die Haxe mit kaltem Wasser bedecken und bei halb geöffnetem Deckel bei mittlerer Hitze zum Kochen bringen. 2–2 ½ Stunden lang köcheln lassen, bis das Fleisch sehr weich ist und sich vom Knochen zu lösen beginnt. Den Topf vom Herd nehmen und die Haxe in der Flüssigkeit abkühlen lassen. Anschließend herausnehmen, abtropfen lassen und 200 ml Kochflüssigkeit abmessen.

Den Backofen auf 190 °C (Umluft 170 °C) vorheizen und einen Bräter mit einer doppelten Schicht Alufolie auslegen.

Die Schwarte mit einem scharfen Messer abschneiden, dabei aber eine dicke Fettschicht stehen lassen. Die Haxe aufrecht in den Bräter setzen. Den Senf mit dem Honig verrühren und die Haxe damit bestreichen. Die abgemessene Kochflüssigkeit in den Bräter gießen (die Haxe sollte nur maximal 1 cm hoch in der Flüssigkeit stehen) und die Haxe 30–40 Minuten auf der mittleren

Schiene des Backofens braten. Das Fleisch während des Bratens zwei- bis dreimal mit der Garflüssigkeit begießen. Die Walnüsse auf einem Backblech im Ofen leicht rösten. Danach die Haxe und die Nüsse abkühlen lassen.

Die Gartenkresse mit dem Radicchio in eine große Schüssel füllen. Das Öl mit dem Essig und dem Senf in ein Schraubglas füllen, kräftig mit Salz und Pfeffer würzen, das Glas verschließen und kräftig schütteln. Den Salat mit dem Dressing anmachen, auf Tellern anrichten und mit den Walnüssen bestreuen. Das Fleisch vom Knochen lösen, in mundgerechte Stücke zerteilen und auf dem Salat anrichten. Pro Person 4 eingelegte Quittenstücke abtropfen lassen und auf dem Salat verteilen. Die Petersilie darüberstreuen und servieren.

Register

A

ANANAS
Empanadas mit Ananasfüllung 171
Gebratene Ananas mit Chili 163
Hummingbird-Torte 164–165
Kandierte Ananasscheibchen 164–165
ÄPFEL 199
Apfel-Birnen-Relish mit geräuchertem Chili 214
Apfel-Crumble mit Apfel-Karamell-Sirup 212
Apfelkaramellbonbons 211
Apfeltaschen 207
Bunter Salat mit Äpfeln, Haselnüssen und geräucherter Forelle 200
Cidre-Sauce 202–203
Donuts mit würziger Apfelfüllung 204
Galette mit Äpfeln, Birnen und Quitten 229
Selbst gemachter Joghurt mit Apfel-Birnen-Kompott und Müsli 217
Tarte Tatin 208
Würziges Apfel-Relish 202–203
ANIS Orangen-Biscotti mit Anis 29
APRIKOSEN 111
Aprikosenkonfitüre mit Vanille 133
Aprikosentarte mit Vanillecreme 144
Gebackene Aprikosen mit Vanille und Thymian 142
AVOCADOS Fisch-Tacos mit Kaki-Salsa 192

B

BAISERS
Erdbeer-Rhabarber-Kompott mit Baisers 78
Stachelbeer-Baiser-Törtchen 72
BANANEN
Hummingbird-Torte 164–165
Schokoladen-Bananen-Kuchen 182
BEEREN 56–107
Beeren mit würzigem Rosensirup 95
Tiramisu-Torte mit Sommerbeeren 102
Trifles mit Sommerbeeren 104–105
BERGAMOTTE 11
Bergamottenmarmelade 41
Bergamottensirup 20
Mini-Financiers mit Bergamotte und Mandarine 12
BIRNEN 199
Apfel-Birnen-Relish mit geräuchertem Chili 214
Birnen, mit Hibiskusblüten pochiert 218
Butternusskürbis-Suppe mit Birnen und Kastanien 227
Crème caramel mit Marsala-Birnen 223
Galette mit Äpfeln, Birnen und Quitten 229
Selbst gemachter Joghurt mit Apfel-Birnen-Kompott und Müsli 217
Windbeutel mit Birnen, Schlagsahne und Schokoladensauce 220
Würziger Schokoladenkuchen mit Birnen und Karamellsauce 224
BISCOTTI Orangen-Biscotti mit Anis 29
BISKUIT
Mandelbiskuitroulade mit Johannisbeer-Himbeer-Sahne-Füllung 84–85
Mini-Financiers mit Bergamotte und Mandarine 12
BLÄTTERTEIG 47, 92, 207
BLAUBEEREN
Blaubeer-Pies 92
Blaubeersorbet mit Zitronenverbene und Buttermilch 89
Brioche mit Blaubeer-Mandel-Füllung 90
Pistazien-Kokos-Kuchen mit Limettensirup 106
Trifles mit Sommerbeeren 104–105
BRANDTEIG Windbeutel mit Birnen, Schlagsahne und Schokoladensauce 220
BROMBEEREN Pistazien-Kokos-Kuchen mit Limettensirup 106
BROT
Frühlingssalat mit Zitronendressing und Ziegenkäsetoast 50
Irisches Sodabrot mit Feigen, Haselnüssen und Fenchel 62
Bulgursalat mit Kirschen und Feta 112
BUTTERMILCH
Blaubeersorbet mit Zitronenverbene und Buttermilch 89
Butternusskürbis-Suppe mit Birnen und Kastanien 227

C

Cheesecake auf New Yorker Art mit gerösteten Pflaumen 141
CHILI
Apfel-Birnen-Relish mit geräuchertem Chili 214
Gebratene Ananas mit Chili 163
Mango-Chili-Sauce 161
CHUTNEY Feigen-Chutney 63
Cidre-Sauce 202–203
CRACKER
Cracker mit getrockneten Sauerkirschen und Haselnüssen 122
Mandel-Schoko-Cracker 174
Crème caramel mit Marsala-Birnen 223
CURDS
Grapefruit-Curd 34
Lemon-Curd 33
Orangen-Curd 34

D

Donuts mit würziger Apfelfüllung 204
DRESSINGS
Zitronendressing 50
Zitrusdressing 54

E

EIER
Crème caramel mit Marsala-Birnen 223
Erdbeer-Rhabarber-Kompott mit Baisers 78
Grapefruit-Curd 34
Kokoseis 168–169
Lemon-Curd 33
Mandelbiskuitroulade mit Johannisbeer-Himbeer-Sahne-Füllung 84–85
Orangen-Curd 34
Pflaumensoufflés 126
Portugiesische Zitronentörtchen 47
Schokoladenkuchen mit Himbeeren 81
Stachelbeer-Baiser-Törtchen 72
Tiramisu-Torte mit Sommerbeeren 102
Windbeutel mit Birnen, Schlagsahne und Schokoladensauce 220
EISCREME
Eiscreme mit gerösteten Erdbeeren 80
Kokoseis 168–169
Pfirsich-Zabaione-Eis mit karamellisiertem Honig und Pistazienhippen 150–151
Schokoladeneis mit Kirschen und weißem Nougat 120
Empanadas mit Ananasfüllung 171
ENTE Knusprige Entenkeulen mit würziger Pflaumensauce 127
ERDBEEREN 59
Beeren mit würzigem Rosensirup 95
Eiscreme mit gerösteten Erdbeeren 80

Erdbeer-Rhabarber-Kompott mit Baisers 78
Trifles mit Sommerbeeren 104–105

F
FEIGEN 59
Beeren mit würzigem Rosensirup 95
Bunter Salat mit Feigen und Blauschimmelkäse 66
Feigen-Chutney 63
Irisches Sodabrot mit Feigen, Haselnüssen und Fenchel 62
Tarte mit Feigen und Ziegenkäse 64
FENCHEL Irisches Sodabrot mit Feigen, Haselnüssen und Fenchel 62
FISCH
Bunter Salat mit Äpfeln, Haselnüssen und geräucherter Forelle 200
Fisch-Tacos mit Kaki-Salsa 192
Gebeizter Lachs 24
Thunfischsalat mit Grapefruit und Zitrusdressing 54
Frangipanecreme 90
FRISCHKÄSE
Cheesecake auf New Yorker Art mit gerösteten Pflaumen 141
Frischkäse-Pannacotta mit Blutorangengelee 26
Frühlingssalat mit Zitronendressing und Ziegenkäsetoast 50
Hummingbird-Torte 164–165
Tarte Tatin 208
Ziegenmilch-Labné auf Karotten-Rote-Bete-Salat mit Granatapfelkernen 172

G
Galette mit Äpfeln, Birnen und Quitten 229
GANACHE Schokokuchen mit Orangengelee 17–19
Gebeizter Lachs 24
GELEES
Blutorangengelee 26
Kernloses Himbeergelee 96
Schokokuchen mit Orangengelee 17–19
GETRÄNKE
Kirschsirup 117
Melonen-Sangria 188
Rhabarber-Gin-Fizz 77
Rhabarber-Himbeer-Sirup 77
Wassermelonen-Margarita 188
GRANATAPFEL
Geschmorte Rinderquerrippe in Granatapfelsauce 179
Gulab Jamun mit Granatapfel und Pistazien 180
Pide mit Lamm und Granatapfelkernen 176
Schokocreme mit Granatapfel und Mandel-Schoko-Keksen 174
Ziegenmilch-Labné auf Karotten-Rote-Bete-Salat mit Granatapfelkernen 172
GRANITA Blutorangen-Granita 20
GRAPEFRUIT 11
Grapefruit-Curd 34
Thunfischsalat mit Grapefruit und Zitrusdressing 54
Zitrusmarmelade 39
GREMOLATA Frühlingssalat mit Zitronendressing und Ziegenkäsetoast 50
Gulab Jamun mit Granatapfel und Pistazien 180

H
HAFERFLOCKEN
Apfel-Crumble mit Apfel-Karamell-Sirup 212
Selbst gemachter Joghurt mit Apfel-Birnen-Kompott und Müsli 217
HASELNÜSSE
Bunter Salat mit Äpfeln, Haselnüssen und geräucherter Forelle 200
Cracker mit getrockneten Sauerkirschen und Haselnüssen 122
Irisches Sodabrot mit Feigen, Haselnüssen und Fenchel 62
HIMBEEREN 59
Beeren mit würzigem Rosensirup 95
Himbeertartes 100
Kekse mit Pistazien und Himbeer-Passionsfrucht-Füllung 99
Kernloses Himbeergelee 96
Mandelbiskuitroulade mit Johannisbeer-Himbeer-Sahne-Füllung 84–85
Pfirsich-Himbeer-Konfitüre 133
Rhabarber-Himbeer-Sirup 77
Schokoladenkuchen mit Himbeeren 81
Trifles mit Sommerbeeren 104–105
HONIG
Pfirsich-Zabaione-Eis mit karamellisiertem Honig und Pistazienhippen 150–151
Selbst gemachter Joghurt mit Apfel-Birnen-Kompott und Müsli 217
Hummingbird-Torte 164–165

I
INGWER
Donuts mit würziger Apfelfüllung 204
Kaki-Ingwer-Cookies 195
Melonen-Papaya-Salat mit Zitronengras und Ingwersirup 190
Pomeranzenmarmelade mit Whisky und Ingwer 40
Stachelbeer-Posset mit Ingwerkeksen 71
Würziger Schokoladenkuchen mit Birnen und Karamellsauce 224

J
JOGHURT
Gulab Jamun mit Granatapfel und Pistazien 180
Selbst gemachter Joghurt mit Apfel-Birnen-Kompott und Müsli 217
Ziegenmilch-Labné auf Karotten-Rote-Bete-Salat mit Granatapfelkernen 172
JOHANNISBEEREN
Beeren mit würzigem Rosensirup 95
Eingelegte Rote Johannisbeeren 83
Mandelbiskuitroulade mit Johannisbeer-Himbeer-Sahne-Füllung 84–85
Pfirsich-Johannisbeer-Pie 86

K
KÄSE
Bulgursalat mit Kirschen und Feta 112
Bunter Salat mit Feigen und Blauschimmelkäse 66
Bunter Salat mit Pfirsichen, Büffelmozzarella und Pistazienpesto 147
Cheesecake auf New Yorker Art mit gerösteten Pflaumen 141
Frühlingssalat mit Zitronendressing und Ziegenkäsetoast 50
Gegrillte Riesengarnelen mit Wassermelone und Feta 186
Käsekuchen (siehe Cheesecake)
Pide mit Lamm und Granatapfelkernen 176
Tarte mit Feigen und Ziegenkäse 64
KAKI
Fisch-Tacos mit Kaki-Salsa 192
Kaki-Ingwer-Cookies 195
KARAMELL
Apfel-Crumble mit Apfel-Karamell-Sirup 212
Apfelkaramellbonbons 211

Crème caramel mit Marsala-Birnen 223
Mandarinensalat mit Orangen-Karamellsauce 23
Orangen-Churros mit Schoko-Karamell-Sauce 44
Würziger Schokoladenkuchen mit Birnen und Karamellsauce 224
KAROTTEN Ziegenmilch-Labné auf Karotten-Rote-Bete-Salat mit Granatapfelkernen 172
KASTANIEN
Butternusskürbis-Suppe mit Birnen und Kastanien 227
KEKSE
Ingwerkekse 71
Kaki-Ingwer-Cookies 195
Kekse mit Pistazien und Himbeer-Passionsfrucht-Füllung 99
Pistazienhippen 150–151
KERNOBST 196–233
KIRSCHEN 111
Bulgursalat mit Kirschen und Feta 112
Cracker mit getrockneten Sauerkirschen und Haselnüssen 122
Kirschkuchen mit Mandelstreuseln 118
Kirschsirup 117
Lamm-Köfte mit Kirschen und Tahini-Sauce 114
Schokoladeneis mit Kirschen und weißem Nougat 120
KOKOSNUSS
Hummingbird-Torte 164–165
Kokoseis 168–169
Pistazien-Kokos-Kuchen mit Limettensirup 106
KOMPOTT
Apfel-Birnen-Kompott 217
Erdbeer-Rhabarber-Kompott 78
KONFITÜRE
Aprikosenkonfitüre mit Vanille 133
Pfirsich-Himbeer-Konfitüre 133
Pflaumenkonfitüre mit Sternanis 132
KUCHEN
Cheesecake auf New Yorker Art mit gerösteten Pflaumen 141
Himbeertartes 100
Hummingbird-Torte 164–165
Kirschkuchen mit Mandelstreuseln 118
Mandelbiskuitroulade mit Johannisbeer-Himbeer-Sahne-Füllung 84–85
Mango-Passionsfrucht-Kuchen 166
Mini-Financiers mit Bergamotte und Mandarine 12
Pfirsich-Johannisbeer-Pie 86
Pflaumenkuchen mit Streuseln 136
Pistazien-Kokos-Kuchen mit Limettensirup 106
Portugiesische Zitronentörtchen 47
Schokoladen-Bananen-Kuchen 182
Schokoladenkuchen mit Himbeeren 81
Schokokuchen mit Orangengelee 17–19
Tiramisu-Torte mit Sommerbeeren 102
Würziger Schokoladenkuchen mit Birnen und Karamellsauce 224
KÜRBIS Butternusskürbis-Suppe mit Birnen und Kastanien 227

L

LABNÉ Ziegenmilch-Labné auf Karotten-Rote-Bete-Salat mit Granatapfelkernen 172
LAMM
Geschmorte Lammschulter mit Orangen 48
Lamm-Köfte mit Kirschen und Tahini-Sauce 114
Pide mit Lamm und Granatapfelkernen 176
LIMETTEN
Gebeizter Lachs 24
Limetten-Marshmallows mit Passionsfrucht-Brausepulver 36
Pistazien-Kokos-Kuchen mit Limettensirup 106

M

MADELEINES Zitronen-Madeleines mit Mohn 30
MANDARINEN
Mandarinensalat mit Orangen-Karamellsauce 23
Mini-Financiers mit Bergamotte und Mandarine 12
Schokokuchen mit Orangengelee 17–19
MANDELN
Brioche mit Blaubeer-Mandel-Füllung 90
Kirschkuchen mit Mandelstreuseln 118
Mandelbiskuitroulade mit Johannisbeer-Himbeer-Sahne-Füllung 84–85
Mandeltarte mit Quitten 230
Orangen-Biscotti mit Anis 29
Rhabarbertarte mit Mandeln 74
Schokocreme mit Granatapfel und Mandel-Schoko-Keksen 174
MANGOS 157
Mango-Chili-Sauce 161
Mango-Passionsfrucht-Kuchen 166
Mango-Passionsfrucht-Sorbet 168
MARGARITA Wassermelonen-Margarita 188
MARMELADEN
Pomeranzenmarmelade mit Whisky und Ingwer 40
Zitrusmarmelade 39
MARSHMALLOWS Limetten-Marshmallows mit Passionsfrucht-Brausepulver 36
MASCARPONE Tiramisu-Torte mit Sommerbeeren 102
MEERESFRÜCHTE
Gegrillte Riesengarnelen mit Wassermelone und Feta 186
Thailändischer Pomelosalat mit Hummer und Krebsfleisch 53
MELONEN 157
Gegrillte Riesengarnelen mit Wassermelone und Feta 186
Knuspriger Schweinebauch auf Melonensalat 185
Melonen-Papaya-Salat mit Zitronengras und Ingwersirup 190
Melonen-Sangria 188
Wassermelonen-Margarita 188
MOHN Zitronen-Madeleines mit Mohn 30
MÜSLI Selbst gemachter Joghurt mit Apfel-Birnen-Kompott und Müsli 217

N

NOUGAT Schokoladeneis mit Kirschen und weißem Nougat 120

O

ORANGEN 11
Bergamottenmarmelade 41
Bergamottensirup 20
Blutorangen-Granita 20
Frischkäse-Pannacotta mit Blutorangengelee 26
Gebeizter Lachs 24
Geschmorte Lammschulter mit Orangen 48
Mandarinensalat mit Orangen-Karamellsauce 23
Orangen-Biscotti mit Anis 29
Orangen-Bitter 14
Orangen-Churros mit Schoko-Karamell-sauce 44
Orangen-Curd 34
Pomeranzenmarmelade mit Whisky und Ingwer 40
Schokokuchen mit Orangengelee 17–19
Zitrusmarmelade 39

P

PANNACOTTA Frischkäse-Pannacotta mit Blutorangengelee 26
PAPAYA 157
Melonen-Papaya-Salat mit Zitronengras und Ingwersirup 190
Salat von grüner Papaya mit knusprig gebratenen Rindfleischstreifen 158–159
PASSIONSFRUCHT
Gebratene Ananas mit Chili 163
Kekse mit Pistazien und Himbeer-Passionsfrucht-Füllung 99
Mango-Passionsfrucht-Kuchen 166
Mango-Passionsfrucht-Sorbet 168
Passionsfrucht-Brausepulver 36
PFIRSICHE 111
Bunter Salat mit Pfirsichen, Büffelmozzarella und Pistazienpesto 147
Pfirsich-Himbeer-Konfitüre 133
Pfirsich-Johannisbeer-Pie 86
Pfirsich-Shrub 148
Pfirsich-Zabaione-Eis mit karamellisiertem Honig und Pistazienhippen 150–151
Pochierte Pfirsiche mit Vanille und Zitronenverbene 152
PFLAUMEN 111
Cheesecake auf New Yorker Art mit gerösteten Pflaumen 141
Geröstete Pflaumen mit Milchreis 128
Knusprige Entenkeulen mit würziger Pflaumensauce 127
Pflaumenkonfitüre mit Sternanis 132
Pflaumenkuchen mit Streuseln 136
Pflaumen-Pâté de Fruit 138
Pflaumensorbet 130
Pflaumensoufflés 126
Ravioli mit Pflaumenfüllung 124
PICKLES
Eingelegte Quitten 232–233
Eingelegte Rote Johannisbeeren 83
PISTAZIEN
Bunter Salat mit Pfirsichen, Büffelmozzarella und Pistazienpesto 147
Gulab Jamun mit Granatapfel und Pistazien 180
Kekse mit Pistazien und Himbeer-Passionsfrucht-Füllung 99
Pfirsich-Zabaione-Eis mit karamellisiertem Honig und Pistazienhippen 150–151
Pide mit Lamm und Granatapfelkernen 176
Pistazien-Kokos-Kuchen mit Limettensirup 106
POMELO Thailändischer Pomelosalat mit Hummer und Krebsfleisch 53
POMERANZEN 11
Pomeranzenmarmelade mit Whisky und Ingwer 40
Portugiesische Zitronentörtchen 47
POSSET Stachelbeer-Posset mit Ingwerkeksen 71

Q

QUITTEN 199
Galette mit Äpfeln, Birnen und Quitten 229
Mandeltarte mit Quitten 230
Schweinshaxe und Radicchiosalat mit eingelegten Quitten 232–233

R

Ravioli mit Pflaumenfüllung 124
RELISHES
Apfel-Birnen-Relish mit geräuchertem Chili 214
Würziges Apfel-Relish 202–203
RHABARBER 59
Erdbeer-Rhabarber-Kompott mit Baisers 78
Rhabarber-Gin-Fizz 77
Rhabarber-Himbeer-Sirup 77
Rhabarbertarte mit Mandeln 74
RINDFLEISCH
Geschmorte Rinderquerrippe in Granatapfelsauce 179
Salat von grüner Papaya mit knusprig gebratenen Rindfleischstreifen 158–159
ROSENBLÜTEN
Beeren mit würzigem Rosensirup 95
Gulab Jamun mit Granatapfel und Pistazien 180
Trifles mit Sommerbeeren 104–105
ROTE BETE
Bunter Salat mit Äpfeln, Haselnüssen und geräucherter Forelle 200
Rote-Bete-Salat mit Orangen 42
Ziegenmilch-Labné auf Karotten-Rote-Bete-Salat mit Granatapfelkernen 172

S

SALATE
Bulgursalat mit Kirschen und Feta 112
Bunter Salat mit Äpfeln, Haselnüssen und geräucherter Forelle 200
Bunter Salat mit Feigen und Blauschimmelkäse 66
Bunter Salat mit Pfirsichen, Büffelmozzarella und Pistazienpesto 147
Frühlingssalat mit Zitronendressing und Ziegenkäsetoast 50
Knuspriger Schweinebauch auf Melonensalat 185
Melonen-Papaya-Salat mit Zitronengras und Ingwersirup 190
Rote-Bete-Salat mit Orangen 42
Salat von grüner Papaya mit knusprig gebratenen Rindfleischstreifen 158–159
Schweinshaxe und Radicchiosalat mit eingelegten Quitten 232–233
Thailändischer Pomelosalat mit Hummer und Krebsfleisch 53
Thunfischsalat mit Grapefruit und Zitrusdressing 54
Ziegenmilch-Labné auf Karotten-Rote-Bete-Salat mit Granatapfelkernen 172
SANDTEIG Windbeutel mit Birnen, Schlagsahne und Schokoladensauce 220
SAUCEN
Fisch-Tacos mit Kaki-Salsa 192
Knusprige Entenkeule mit würziger Pflaumensauce 127
Lamm-Köfte mit Kirschen und Tahini-Sauce 114
Mango-Chili-Sauce 161
Orangen-Churros mit Schoko-Karamellsauce 44
Windbeutel mit Birnen, Schlagsahne und Schokoladensauce 220
SCHOKOLADE
Kekse mit Pistazien und Himbeer-Passionsfrucht-Füllung 99
Orangen-Churros mit Schoko Karamell sauce 44
Schokocreme mit Granatapfel und Mandel-Schoko-Keksen 174
Schokokuchen mit Orangengelee 17–19
Schokoladeneis mit Kirschen und weißem Nougat 120

Schokoladen-Bananen-Kuchen 182
Schokoladenkuchen mit Himbeeren 81
Tiramisu-Torte mit Sommerbeeren 102
Windbeutel mit Birnen, Schlagsahne und Schokoladensauce 220
Würziger Schokoladenkuchen mit Birnen und Karamellsauce 224
SCHWEINEFLEISCH
Knuspriger Schweinebauch auf Melonensalat 185
Knuspriger Schweinebraten mit würzigem Apfel-Relish und Cidre-Sauce 202–203
Schweinshaxe und Radicchiosalat mit eingelegten Quitten 232–233
SHRUB Pfirsich-Shrub 148
SIRUP
Bergamottensirup 12, 20
Ingwersirup 190
Kirschsirup 117
Limettensirup 106
Rhabarber- Himbeer-Sirup 77
Würziger Rosensirup 95
SORBET
Blaubeersorbet mit Zitronenverbene und Buttermilch 89
Mango-Passionsfrucht-Sorbet 168
Pflaumensorbet 130
SOUFFLÉ Pflaumensoufflés 126
STACHELBEEREN
Stachelbeer-Baiser-Törtchen 72
Stachelbeer-Wackelpudding 68
Stachelbeer-Posset mit Ingwerkeksen 71
STEINOBST 108–153
Sterilisieren von Marmeladengläsern 132
STERNANIS Pflaumenkonfitüre mit Sternanis 132
STREUSEL
Apfel-Crumble mit Apfel-Karamell-Sirup 212
Kirschkuchen mit Mandelstreuseln 118
Pflaumenkuchen mit Streuseln 136
SUPPE Butternusskürbis-Suppe mit Birnen und Kastanien 227

T

TACOS Fisch-Tacos mit Kaki- Salsa 192
Tahini-Sauce 114
TANGERINEN
Zitrusmarmelade 39
TARTES
Aprikosentarte mit Vanillecreme 144
Galette mit Äpfeln, Birnen und Quitten 229
Himbeertartes 100
Mandeltarte mit Quitten 230
Portugiesische Zitronentörtchen 47
Rhabarbertarte mit Mandeln 74
Stachelbeer-Baiser-Törtchen 72
Tarte mit Feigen und Ziegenkäse 64
Tarte Tatin 208
TORTILLAS Fisch-Tacos mit Kaki-Salsa 192
Trifles mit Sommerbeeren 104–105
TROPISCHE FRÜCHTE 154–195

V

VANILLE
Aprikosenkonfitüre mit Vanille 133
Aprikosentarte mit Vanillecreme 144
Gebackene Aprikosen mit Vanille und Thymian 142
Pochierte Pfirsiche mit Vanille und Zitronenverbene 152
Trifles mit Sommerbeeren 104–105

W

WEIN
Birnen, mit Hibiskusblüten pochiert 218
Crème caramel mit Marsala-Birnen 223
Melonen-Sangria 188
Pochierte Pfirsiche mit Vanille und Zitronenverbene 152
WHISKY Pomeranzenmarmelade mit Whisky und Ingwer 40
Windbeutel mit Birnen, Schlagsahne und Schokoladensauce 220
WODKA Orangen-Bitter 14

Z

Ziegenmilch-Labné auf Karotten-Rote-Bete-Salat mit Granatapfelkernen 172
ZITRONEN 11
Frühlingssalat mit Zitronendressing und Ziegenkäsetoast 50
Gebeizter Lachs 24
Lemon-Curd 33
Mandelbiskuitroulade mit Johannisbeer-Himbeer-Sahne-Füllung 84–85
Portugiesische Zitronentörtchen 47
Zitronen-Madeleines mit Mohn 30
Zitrusmarmelade 39
ZITRONENGRAS Melonen-Papaya-Salat mit Zitronengras und Ingwersirup 190
ZITRONENVERBENE
Blaubeersorbet mit Zitronenverbene und Buttermilch 89
Pochierte Pfirsiche mit Vanille und Zitronenverbene 152
ZITRUSFRÜCHTE 8–55
Zitrusmarmelade 39
ZWIEBELN Eingelegte rote Zwiebeln 114

Danksagungen

Ein Buch ist niemals nur das Werk einer oder eines Einzelnen, sondern eines ganzen Teams von Menschen, ohne deren Talent und Know-how nur eine Ansammlung von Wörtern daraus würde.

Ich schätze mich außerordentlich glücklich, als Autorin für Kyle Books arbeiten zu dürfen, und kann dem Verlag nicht genug dafür danken, dass er mir das Angebot gemacht hat, ein weiteres Buch zu verfassen. Es kommt mir vor, als sei es schon eine Ewigkeit her, dass wir beim Lunch an meinem Küchentisch darüber sprachen. Meine Lektorin Judith Hannam ist einfach eine der besten, und ich danke dem Schicksal jeden Tag dafür, mit ihr arbeiten zu dürfen. Danke für deine Geduld, als der Abgabetermin näher rückte und ich während meines Umzugs nichts von mir hören ließ. Danke aber auch für die vielen herrlichen Bilder, für das fantastische Team, das du zusammengestellt hast und dafür, dass du in deiner ruhigen, sanften Art immer die Fäden in der Hand gehalten hast. Ein Dankeschön auch an Hannah Coughlin und Corinne Masciocchi, die mit ihrem Adlerblick alles akribisch geprüft und Korrektur gelesen haben.

Auch diesmal hatte ich wieder das große Vergnügen, mit meiner großartigen Freundin und Fotografin Tara Fisher zusammenzuarbeiten. Was du für dieses Buch geleistet hast, lässt sich nicht mit Worten ausdrücken. Ein ganzes Jahr haben wir an den Fotos gearbeitet, und jeden Monat habe ich die paar Tage unseres Zusammenseins genossen – ich danke dir, meine Freundin. Danke der talentiertesten Malerin der Stadt – Ms. Saskia Sierra – deine Farbauswahl war goldrichtig! Dank auch an Ms. Liliana Sierra. Du hast die Eiscremes einfach perfekt gehalten, obwohl es dir wie eine Ewigkeit vorgekommen sein muss, bis du endlich auch mal eine essen durftest. Und ein Dankeschön an Sue Prescott für die hervorragende Retusche und dafür, dass du uns bei Laune gehalten und dafür gesorgt hast, dass wir stets einen klaren Kopf bewahrten.

Vielen Dank an meine wunderbare Assistentin Kathryn Bruton, die weit mehr ist als eine Assistentin. Du bist eine echte Freundin, ein großes Talent und die unbestrittene Königin des Sodabrots.

Dank an Miranda Harvey, deren unglaublich schönes Layout mir regelrecht die Sprache verschlagen hat.

Dank an Mr. Mungo Jerry Boogaloo, der mit dem Alter zunehmend eigensinniger wird, aber der mich zum Glück noch jeden Tag auf einem ausgedehnten Spaziergang begleiten wird – vorausgesetzt wir nehmen den Weg, den er sich in den Kopf gesetzt hat und ich habe jede Menge Leckerlis in der Tasche.

Und last but not least danke Hughie – tausend Dank. *X*